퇴직이 설레기 시작했다

두 번째 설레는 이야기

퇴직이 설레기 시작했다

송재영

신아출판사

두 번째 설레는 이야기를 출간하며

    4년 전 '제주도 간다'라는 글을 쓰기 시작하면서 이번 출간은 예견되었다. 제주에서 1년 6개월 동안 생활하며 한라산, 올레길, 곶자왈, 오름, 해안가를 구석구석 찾아 다녔다. 제주의 속살을 온 몸으로 느끼며 가슴에 품기 위해 두 발로 걷고 걸었다. 바쁘고 힘든 사회 생활에서 잊고 지내던 나를 찾아 헤매던 시간이었다. 제주에서 온전히 나에게 집중하며 나와 대화하고 나의 생각을 정리하고 생각을 구체화하는 작업을 하였다. 막연하게 느껴졌던 퇴직이 현실로 다가오며 오랜 직장생활을 마감했다.

    퇴직을 하고 많은 경험을 쌓고 있다. 인생나눔교실에 지원하여 청소년을 대상으로 멘토링을 하고, 주민자치위원으로 참여하여 봉사 활동도 하고, 학회에 가입하여 늦깎이 공부도 하고 있다. 시립도서관에서 글쓰기 강의를 하고, 초·중·고 학생을 대상으로 선거 강의도 하고, 대학교에서 경찰행정학과 수업도 한다. 글쓰기 모임을 만들고, 합창단에서 노래를 부르고, 통기타도 치며 다양한 도전을 하는 중이다.

  60이 되었다. 이제 많은 것을 할 수 없다는 사실을 안다. 그렇다고 무작정 모든 것을 내려 놓기에는 아직 젊다. 해야 할 것과 하지 말아야 할 것, 하고 싶은 것과 할 수 있는 것을 구분하는 현명한 지혜가 필요한 시기이다. 꿈은 명사가 아닌 동사라고 한다. 어릴 적 간직했던 명사형 꿈은 이루지 못했지만 지금부터 동사형 꿈을 실천하고 싶다. 몸은 늙고 둔하지만 고된 삶을 헤쳐온 풍부한 경험과 인생을 함께한 많은 사람이 있어 가능하다.

  1막을 마무리하고 2막을 시작하며 두 번째 출간을 하게 되었다. 첫 책 《인생이 설레기 시작했다》를 출간하고 4년 만에 다시 출간을 하게 된 것이다. 처음 출간을 할 때는 마냥 좋고 즐거웠다. 독자의 반응도 궁금했고 나의 이야기가 세상에 나온다는 사실도 신기했다. 이번 출간은 부담이 많다. 첫 출간을 할 때와는 상황이 다르다. 작가이며 글쓰기 강사로서 출간을 하는 것이다. 전공도 아닌 사람이 책을 또 낸다고 질책하지는 않을까 두렵기도 하다.

노인 인구 천 만 시대가 도래했다. '60'이란 숫자와 '퇴직'이란 단어는 결코 끝이 아닌 새로운 시작을 의미하는 단어가 되었다. 누구나 맞이하는 퇴직이 두려움이 아닌 설렘의 대상이 될 수 있도록 작은 힘이 되고 싶다. 두 번째 책을 출간하는 이유다.

　이 책이 나오기까지 많은 분들의 도움이 있었다. 브런치스토리에 글을 발행하면 '좋아요'와 '댓글'로 응원과 격려를 보내 준 많은 문우들에게 감사하다. 아직 초보 작가의 글을 선뜻 발행해 준 신아출판사 관계자 분들에게도 감사의 말씀을 전한다. 마지막으로 첫 출간 책부터 부족한 글을 꼼꼼히 읽어주고 피드백을 해준 아내와 가족들에게 이 글을 통해 사랑한다는 말을 전한다.

　이 글을 읽은 모든 분들에게 퇴직이 두려움의 대상이 아닌 설렘의 시작이 될 수 있기를 바라본다.

2024년 가을
자인당에서
송 재 영

차례

chapter

라떼가 퇴직을 했다

퇴임식 없는 퇴직?	15
퇴직이 두려운 이유	20
두 번째 명함엔 무얼 담을 수 있을까?	24
뭐하지?	29
면접 보러 왔어요	35
인생을 나눠 줄 수 있나요	41
송 to the 재 to the 영	48
한 학기를 마치며	53
동굴을 찾아서	59
출간하다	65
나만의 퍼스널 브랜드	70

chapter

사람이 설렘이다

이제는 채워야 할 때	77
60살	83
반성문	88
내 일이 되면	94
혼자가 아닌 함께	99
도전과 멈춤	105
삶에 루틴이 생기다	110
사람이 설렘이다	116
도시와 농촌이 공존하는 곳, 중인동 마실길을 걷다	123
완산칠봉으로 떠나는 과거로의 여행	129

chapter

퇴직 여행을 떠나다

제주도 간다	137
제주 도민이 되다	143
사람이 오가는 곳, 제주공항	148
제주에 눈이 오면	153
그녀는 119	159
올레길 위에 서다	164
삼식이	170
불청객	176
자화상	181
평생 수강생	186

chapter

다시 그 길 위에 서고 싶다

다시 그 길 위에 서고 싶다　195
— Camino de Santiago —

chapter 1

퇴직은 두려운 일일까?
설레는 일일까?
누구에게는 두려운 일일 것이고,
누구에게는 설레는 일일 것이다.
퇴직이 사람마다 다르게 다가오는 이유는 무엇일까?
무엇 때문에 퇴직이 두렵기도 하고 설레기도 할까?

퇴임식 없는 퇴직?

"저도 이 자리에 서게 되네요. 30년이 넘는 세월 동안 선배님들의 퇴임식에 축하객으로만 참석하다가 오늘은 저의 퇴임식이 되었네요. 언젠가 저도 퇴직을 할 거라는 사실을 잘 알고 있었지만 막상 이 자리에 서니 만감이 교차합니다. 초임 발령을 받고 부모님이 준비해 준 양복을 입고 속옷과 양말, 와이셔츠가 들어있는 가방을 들고 고속버스를 타고 서울에 올라간 것이 엊그제 같습니다. 서울, 인천, 강릉, 청주, 군산, 남원 등지에서 근무하였고, 마지막을 여기 제주에서 마치게 되었습니다. 고향에서 퇴직하지 못하는 아쉬움은 있지만 누구나 살아보고 싶고 근무해보고 싶은 아름다운 섬에서 좋은 선후배님들과 생활하다 퇴직을 하게 되어 영광으로 생각합니다. 그동안 감사하고 고마웠습니다…….”

퇴직 신청을 하고 퇴임식에 대해 이런저런 생각을 하게 되었다. 퇴임사는 무슨 말을 할까, 퇴임식은 어떤 형식으로 하면 좋을까, 가족 초대는 누구까지 할까 생각해 보았다. 예전 같으면 퇴임식이 성대하게 진행되고 식후에 모든 직원이 참석하는 거창한 회식도 하고 고향에서는 마을 잔치를 열 정도로 대단한 행사였다. 30년이 넘는 세월 동안 별탈없이 공직을 마친다는 것이 개인적으로는 영광이고 가족이나 지역에서도 큰 의미를 가지는 걸로 여겨졌기 때문이다. 세월이 흐르면서 퇴직으로 모든 것이 정지되는 것이 아니고, 두 번째 인생의 새로운 출발이라는 인식이 생기면서 퇴임식의 의미는 점차 희석되고 행사도 축소되어 갔다. 그래도 여전히 퇴직은 개인에게나 직장에서 축하할 일로 여겨져 퇴임식은 직원들이 참석한 자리에서 가족도 초대하여 개최되고 있었다.

아버님도 공직에서 퇴직을 하셨다. 공식적인 행사를 마치고 동네에서도 행사를 했으니 당시에는 퇴직이 대단히 큰 행사였다. 나도 연차를 내고 처가에 가서 행사에 참여하며 아버님의 퇴직을 진심으로 축하해 드렸었다. 고향 형님의 퇴직도 스쳐 지나간다. 군청에서 퇴임식을 마치고, 직원들이 인근 식당을 통째로 빌려 행사를 열어주는 것을 보고 대단히 놀랐던 기억이 난다. 그 모습을 보며 나도 퇴직을 하면 직원들이 이런 행사를 개최해 주면 좋겠다는 생각을 하기도 했었다. 퇴직은 아직 그런 모습으로 남아 있었다.

총무과에서 퇴임식을 준비한다고 하면서 어떻게 진행했으면 좋겠냐고 물어왔다. 일단 고맙다고 하였으나 고민이 시작되었다. 퇴임이 나에게는 일생에서 매우 중요한 사건이지만 다른 직원들에게는 무슨 의미로 여겨질까 의문이 들었다. 예전 선배님들의 퇴임식에 참석했을 때, 나는 무슨 생각을 하였나 돌아보게 되었다. 퇴임식도 여느 행사처럼 의례적인 일로 여기며 귀찮다는 생각과 '왜 이런 걸 하는 걸까.' 하는 의구심을 가지고 참여하지는 않았나 반문하게 되었다.

지금 시점에서 나의 퇴직은 무엇을 의미하는지, 나는 퇴직을 어떻게 바라보고 있는지 궁금해졌다. 퇴직이 끝이라는 생각은 한 번도 해 본 적이 없다. 공직이라는 무거운 짐을 내려놓고 좀 가벼운 상태가 되는 거라 생각했다. 끝이 아니라 새로운 시작을 의미한다고도 생각했다. 그래서 퇴직은 정지가 아닌 다른 공간으로의 이동과도 같이 여겨졌다. 오랫동안 알고 지내던 익숙한 사람과 환경에서 벗어나 낯선 환경과 새로운 사람들을 만난다는 기대와 설렘마저 있었다. 새로운 시작은 아무런 제약이 없는 나 자신의 시간으로 만들고 싶었다. 조직 문화에 얽매이지 않아도 되고, 일 때문에 싫은 사람을 만나지 않아도 되고, 생계 때문에 하기 싫은 일을 하지 않아도 되는, 내가 중심이 되는 삶을 만들고 싶었다. 그런 삶의 시작에 퇴직이라는 단어는 전혀 어울리지 않았다.

퇴임식은 하지 않았다. 코로나의 상황도 그렇고, 예전처럼 퇴임식을 성대하게 하는 분위기도 아니어서 조용히 떠나겠다고 하였다. 제주를 떠나기 전에 과원들이 조촐한 자리를 만들어 주었다. 현수막도 제작하고, 수제 케이크도 주문하고, 사랑이 담긴 글귀가 새겨진 기념패도 준비해 주었다. 헤어짐을 못내 아쉬워해 눈시울을 적시는 직원들과 소중한 시간을 보냈다. 여태껏 보았던 그 어떤 퇴임식보다 따뜻하고 행복한 순간이었다.

마지막 퇴근을 하고 집에 오니 아내와 아이들이 정성 가득한 식사를 준비해 주었다. 아내는 직접 그린 나의 자화상을 준비해 주었다. 여러 날을 오롯이 나의 사진을 바라보며 그림을 그렸을 아내의 사랑이 가슴에 다가왔다. 아이들이 준비한 아버지에 대한 진심 어린 감사패도 받았다. 감사패에 담을 내용을 생각하며 쓰고 고치고를 반복했을 아이들의 마음이 고스란히 전해졌다. 친구들과 지인들도 퇴임을 축하해 주었다. 이렇듯 여러 번의 퇴직 행사를 하였음에도 아직 퇴임식은 없었다고 강변하고 있다. 퇴직이라는 단어를 받아들이고 싶지 않은 마음인 것 같다. 인생 2막에서는 직장이 자주 쉽게 바뀔 것이다. 그때는 퇴직이라는 말 대신에 그만두었다는 표현을 쓸 것이다. 그렇더라도 앞으로 몇 번은 더 퇴직이라는 과정을 거칠 것임이 틀림없어 보인다.

  나의 진짜 퇴직이 언제 올지 아직은 모르겠다. 예상외로 빨리 올 수도 있고, 늦어질 수도 있을 것이다. 확실한 것은 누구나 진짜 퇴직의 시간이 온다는 것이다. 훗날 모든 걸 내려놓고 사회에서 내려오는 날이 되면 사랑하는 가족, 함께 했던 친구들, 그동안 힘이 되어 주었던 지인들을 모시고 맛있는 요리를 준비하여 대접해야겠다. 마지막 퇴직을 위한 퇴임식은 내가 직접 마련하고 싶다.

퇴직이 두려운 이유

퇴직은 두려운 일일까? 설레는 일일까? 누구에게는 두려운 일일 것이고, 누구에게는 설레는 일일 것이다. 퇴직이 사람마다 다르게 다가오는 이유는 무엇일까? 무엇 때문에 퇴직이 두렵기도 하고 설레기도 할까?

사람은 대부분 하나의 직업을 가지고 평생을 생활하다가 정년이 되면 퇴직을 하게 된다. 물론 요즘같이 급변하는 시대에는 여러 개의 직업을 가지고 직장도 여러 번 바꾸어야 하는 환경으로 변화하고 있다. 그래도 우리와 같은 586세대는 한 가지 직업을 가지고 같은 직장에서 평생을 일하다가 퇴직을 하는 경우가 대부분이었다. 그러다 보니 자신이 가진 직업을 천직으로 알고 평생을 바쳐 최선을 다해 일을 해왔다. 한 직장에서 일을 하며 경제생활도 할 수 있게 되고 아이들도 키우면서 나름 보람도 느끼게 된다. 직장에 가족 모두의 생계가 걸려 있어 직장에 열정을 다하고 최선을 다한다. 그렇게 평생을 한 직장에서 근무하다가 퇴직 한다는 것은 모든 것을 내려놓아야 하는 것과 같다. 더 이상 소득이 없어 생계 수단이 사라지고 직장을 고리로 연결되었던 인간관계도 단절되어 세상과 멀어지게 되는 것이다. 상황이 이렇다 보니 퇴직은 불안의 단어이고 두려움의 대상이 되었다.

  30년 동안 한 직장에서 근무하다 퇴직을 했다. 퇴직 한다는 것은 정장에서 캐주얼로 바뀐다는 것을 의미하는 것 같다. 직장생활을 하며 평생 양복을 입고 생활했다. 민원인을 상대하는 직업이라 기본적인 예의를 위해 정장을 선택하였다. 체형에 꼭 맞게 재단된 한 벌의 정장을 입고 생활하다가 퇴직하면 조금은 가볍고 편안한 캐주얼을 입게 된다. 정장은 우수한 재질의 옷감을 맞춤으로 하다 보니 값도 비싸고 자주 구입하기가 어렵다. 그에 비해 캐주얼은 가격도 상대적으로 저렴하고 수시로 바꾸어 입을 수 있어 필요할 때 매장에 가서 입어보고 대충 맞다 싶으면 구입하게 된다. 정장은 누구를 만나는지, 왜 만나는지, 장소가 어디인지에 상관없이 한 벌로도 적응이 가능하다. 이에 비해 캐주얼은 상황에 따라 입어야 할 복장이 무척 다양해서 여러 벌이 필요하다.

퇴직이 두려움의 대상이 되지 않기 위해 어떤 준비를 해야 할까? 퇴직을 하고 새로 시작하는 일은 전문가가 되기도 어렵고, 오랫동안 하기도 어렵고, 좋은 대우를 받을 수도 없다. 해답은 의외로 간단할 수 있다. 퇴직 전을 정장에 비유한다면 퇴직 후는 캐주얼이라 할 수 있다. 퇴직 후를 대비하여 미리 캐주얼 몇 벌을 준비해 두면 어떨까? 무겁고 중후한 정장인 아닌 조금은 가볍고 스마트한, 나에 어울리는 캐주얼을 몇 벌 준비해 두면 좋을 것 같다. 햇살 따스한 봄날에는 화사하고 산뜻한 티셔츠에 청바지를 입고, 비 내리는 우중에는 옷깃을 세운 다소 어두운 바바리를 입고, 오랜만에 만나는 동창회에는 환한 재킷에 면바지를 하고, 함박눈이 내리는 밤거리는 세련된 목도리에 다소 과해 보이는 털 코트를 입어보면 어떨까?

• chapter 1. 라떼가 퇴직을 했다 •

퇴직이 두려움의 대상이 되느냐, 설렘의 대상이 되느냐는 오롯이 자신의 몫이다. 퇴직 후에 할 일을 미리 준비해 두면 두렵지 않을 것이다. 완벽한 전문가가 아니어도, 수입이 많지 않아도, 평생을 할 수 있지 않아도 좋다. 자신이 좋아하는 일이나 하고 싶은 일이 무엇인지 찾아보자. 관련 분야에 대한 공부도 하고, 관련 부서나 모임에도 미리 참여해보면 좋겠다. 한 가지만 준비하지 말고 연관이 있는 몇 가지를 같이 준비하면 더 좋을 것 같다.

일을 하러 나선다. 옷장을 연다. 날씨가 우중충하다. 뭐가 좋을까? 이 옷 저 옷 걸쳐본다. 오늘은 너로 정했어.

두 번째 명함엔 무얼 담을 수 있을까?

　퇴직을 한다는 것은 그간 사용한 메일 주소와 명함이 없어진다는 것을 의미한다. 직장을 퇴사하면 소속이 없어져 회사 도메인 주소와 명함을 사용할 수 없다. 메일은 자주 사용하는 것이어서 몇 해 전부터 미리 준비를 했다. 직장에 다니면서도 회사 메일은 잘 사용하지 않고 주로 개인 메일을 사용하는 습관을 들여 퇴직을 하여도 큰 걱정이 되지 않았다.
　문제는 명함이다. 퇴직을 하고 갑자기 명함이 없어지니 사람을 소개받을 때 난감했다. 사회생활에서 사람을 만나 인사를 나누면 자연스레 명함을 교환하게 되는데 당장 사용할 명함이 없어졌으니 걱정이 앞섰다. 궁여지책으로 새로운 직업을 가질 때까지 사용할 임시 명함을 만들어 봤다. 명함을 만들려면 하고 있는 일이나 직함과 같이 나를 표현할 수 있는 뭔가를 적어야 하는데 고민이 되었다. 퇴직을 하면서 나만의 고유한 가치를 고민해 보게 된 것이다. 난생 처음 직접 명함을 디자인해 보았다.

  나는 명함에 무엇을 적을 수 있을까? 하나하나 정리해 보았다. 법 관련 근무 경력이 있으니 당연히 취득한 법무사 자격증이 있다. 개업을 할 생각만 하면 언제든지 사무소를 열 수 있으니 법무사는 가장 든든하고 확실한 명함이다. 지금 생각에는 개업을 하고 싶지 않다. 평생 한 직장에서 근무했으니 이제는 다른 새로운 영역에서 일을 해보고 싶은 마음이다. 할 수만 있다면 법무사 자격증은 보유만으로 의미를 부여하고 싶고, 그간 수고한 것에 대한 보상으로 간직할 수 있으면 좋겠다. 먼저 퇴직한 선배님들 중에도 개업은 하지 않겠다고 공언한 분들이 많았다. 시간이 흐르고 결국 대부분 개업을 했다. 노는 것도 하루 이틀이고 할 일 없이 지낸다는 것이 어떤 것인지 짐작이 가기에 선배님들의 개업은 어쩌면 당연한 것인지도 모른다. 나도 똑같은 전철을 밟을 확률이 무척 높다. 그러지 않기 위해 지금 무얼 해야 하는지도 잘 알고 있으니 나중에 후회하지 않도록 미리 준비를 해야 한다.

다음으로 직장생활을 하면서 대학원 야간 수업을 받고 여러 차례 학위 논문에 도전하여 어렵게 취득한 경찰학 박사 학위가 있다. 그렇다고 학위만으로 명함이 될 수는 없다. 학위와 관련된 직종에 종사하게 되어 직함을 얻게 되면 명함이 될 수 있다. 자치 경찰과 관련된 분야에서 일을 하거나 오랫동안 관심 분야였던 청소년 문제를 해결하는 활동을 하거나 학교나 기관 등에서 경찰학 관련 교육을 해보고 싶다. 지금은 임시로 다른 일을 하고 있으나 학위를 취득한 것이 후에 새로운 명함을 가질 수 있는 잠재적 조건을 갖춘 것 같아 조금은 든든하다.

최근에 수필집을 출간했으니 작가라는 명칭도 있다. 작가라는 이름으로 수익이 있거나 생계를 꾸려갈 정도도 아니고, 다른 사람들이 작가로 공인해 주는 것도 아니다. 그래도 글쓰기는 무척 좋아하는 일이다. 지금도 시간만 나면 카페 구석에서 글을 쓰고 있으니 앞으로도 글쓰기와 관련된 일을 계속할 가능성이 높다. 제주에 있을 때는 제주에 대한 이야기를 썼다. 퇴직을 하고 나서는 퇴직 후의 좌충우돌 생활에 대해 쓰고 있다. 앞으로 기회가 되면 여행 관련 글도 써보고 싶다. 아직 많이 부족하지만 조금 더 가꾸고 경력을 덧붙이면 명함이 될 여지가 충분하다.

작년부터 "설레는 인생 플래너 송재영" 계정으로 유튜브를 운영하고 있다. 처음에는 수필집을 낭독하는 영상을 올리기 위해 시작하였다. 제주에서 근무하는 동안 올레를 걸으면서 찍어 둔 사진을 낭독 영상에 담아 제작하여 올리고 있다. 아직은 구독자가 두 자릿수에 불과하다. 뭔가 새로운 돌파구가 필요하기는 하다. 그래도 시작은 했으니 가능성은 있다.

며칠을 고민하여 문구를 작성했다. 나의 소개에는 "송재영의 설레는 인생 이야기"라 쓰고, 경력은 "작가, 설레는 인생 플래너 유튜버, 경찰학 박사, 법무사"로 썼다. 소위 돈 되는 경력으론 많이 부족하지만 나름 치열하게 살았다는 생각에 기특하기도 했다. 지금의 경력이 새로운 영역으로 나아갈 기반이 될 수 있을지는 여전히 의문이 든다.

명함에 새겨 넣을 수 있는 경력을 쌓기 위해 여기저기 기웃거리고 있다. 관공서나 공공기관에서 공고하는 내용을 살펴보며 지원을 할 수 있는 것이면 일단 도전해 보고 있다. 어느 것 하나 쉬운 게 없다. 직장생활을 하면서 컴퓨터 사용은 후배들의 도움을 받지 않고 스스로 하려고 애썼다. 덕분에 홀로서기에 큰 걱정을 하지 않았으나 막상 지원서나 서류를 준비하면서 많이 부족하다는 한계를 느끼는 게 한두 번이 아니다. 그래도 아이들의 도움을 받지 않고 몇 시간씩 끙끙대다 메일을 보내고 나면 나름 보람도 있다.

   나는 어떤 명함을 가지고 싶은 걸까? 두 번째의 삶이니 내가 원하는 모습의 나로 살고 싶다. 직장을 잡기 위해, 돈을 벌기 위해, 주위의 인정을 받기 위해서가 아니라 온전히 내가 좋아하는, 내가 잘하는, 내가 하고 싶은 일을 하고 싶다. 두 번째 명함에는 진짜 나를 표현하고 싶다.

뭐하지?

 어디라도 가야 하는데 갈 곳이 없다. 매일 아침에 눈을 뜨면 갈 곳이 있었는데 하루아침에 갈 곳이 없어져 버렸다. 며칠은 좋았다. 그것도 딱 3일뿐이었다. 갈 곳이 없다는 것은 고통이다.

 "달그락달그락" 아직 방안은 깜깜한데 주방 쪽에서 소리가 났다. 아내는 벌써 일어나 아이들 아침 준비를 해 주고 있나 보다. 나이 탓에 아침잠이 없어져서 누가 깨우지 않아도 일찍 잠에서 깬다. 잠시 고민을 하였으나 딱히 할 일이 없어 그대로 누워 있었다. 곧이어 아이들이 계단을 내려오는 소리가 나고 식탁에선 아내와 아이들의 경쾌한 소리가 들린다. 이쯤 되면 나갈 타이밍을 놓친 것이다. 어정쩡한 상태로 누워 있는데 아이들이 식사를 마치고 나갈 준비를 하며 방문을 열어 보고 "아직 주무시네."라는 혼잣말을 남기며 집을 나선다.

자리를 털고 거실에 나오니 아내가 식사를 정성스레 차려 준다. 조금 미안한 마음을 가지고 아침밥을 먹는다. 아내는 밥상을 정리하고 식사 후에 쌓인 그릇들을 설거지한다. 빨래 바구니의 옷가지들은 세탁기에 돌리고 청소기를 끌고 안방과 거실을 오고 간다. 대충 집안일을 끝내고 세탁기에서 옷가지를 꺼내 밖으로 나가 빨래 걸이에 널고 데크에 있는 쓰레기를 분리하여 정리하기 시작한다. 음식물 쓰레기통도 문밖에 내놓고, 화분을 덮어 놓은 비닐도 걷어 주고 물을 주며 간밤에 얼지는 않았는지 살펴본다. 밖의 일을 대충 처리하고 안으로 들어온 아내는 모닝 차를 준비해 거실에 있는 나에게 같이 하자고 한다. 그때까지도 딱히 할 일이 없이 빈둥대던 나는 멋쩍은 모습으로 고맙다고 한다. 차를 마시면서도 오늘 무엇을 하며 지내야 하나 요리조리 궁리를 한다. 차담이 끝나고 아내는 성경책을 꺼내 말씀의 벗을 읽기 시작한다. 시간이 흘러 뱃속 시계가 점심시간을 알리면 아내가 차려 준 점심식사를 한다. 오후에는 일이 없어도 집을 나서야지 하는 다짐을 하며 천천히 식사를 한다.

물론 상황이 매일 이러는 것은 아니다. 퇴직을 하고도 바로 할 일이 생겼으니 출근을 하는 날도 많다. 그래도 매일 나가는 것이 아니라 쉬는 날이면 하루를 어떻게 보내야 할지 난감하다. 아내는 그동안 고생했으니 집에서 편히 쉬라고 한다. 시간이 흐를수록 그 말을 어디까지 진심으로 믿어야 할지 의구심이 들기 시작했다. 전부터 퇴직을 한 선배들로부터 수차 들었던 말이 있다. 집안은 여자들의 영역이니까 퇴직을 하여 할 일이 없어도 절대 침해하면 안된다는 것이다. 해가 뜨면 무조건 집을 나서야 한다는 의미였다. 퇴직을 하고 시간이 불규칙해지면서 시간을 잘 보내는 방법이 무엇인지가 가장 큰 고민이 되었다. 하는 일 자체도 불규칙적이고 일이 없는 날도 있다 보니 딱히 한 일이 없이 하루가 지나가 버리고, 하루 종일 세끼 주는 밥만 먹으며 보내는 날이 많아졌다. 시간이 너무 아깝고 무기력해지기까지 했다.

성격상 아무것도 하지 않고 시간을 보내는 것을 무척 싫어하는 터라 집에 있고 싶지 않은 것은 당연하다. 그러나 마땅히 갈 곳도 없는데 무조건 밖에 나가 서성거릴 수도 없는 노릇이다. 나만의 사무실을 준비하는 것도 생각해 보았으나 딱히 필요하지도 않는 공간을 임대하여 사용한다는 것은 경제적으로나 관리 면에서도 비효율적이라는 생각이 들어 포기했다. 곰곰이 생각하다 퇴직 전부터 카페에서 글을 쓰던 생각이 났다. 집 인근에 편안한 카페가 있는지 찾아보았다. 대형 프랜차이즈 카페가 인근에 새로 오픈을 하여 1, 2층 같이 운영하는 곳을 찾았다. 2층은 매장과 분리되어 손님들이나 직원들의 신경이 덜 쓰이고 오픈 시간도 빨라 갈 곳 없는 나에게는 안성맞춤이었다.

쉬는 날이 오면 아침 일찍 식사를 하고 아이들과 같이 집을 나선다. 따뜻한 커피 한 잔을 주문하여 2층에 있는 나의 보금자리에 앉으면 이른 시간이라 아무도 없는 경우가 많다. 가장 먼저 플래너를 펴고 전날 하지 못한 일을 점검하고, 당일 해야 할 일을 체크한다. 만날 사람들을 챙겨보고 점심 약속이나 미팅을 잡는다. 일과 정리가 끝나면 앞으로의 인생 여정에 도움이 될 분야에 대한 공부를 한다. 공부를 마치면 본격적으로 글을 쓰기 시작한다. 출간을 준비하고 있는 책에 대한 글도 쓰고, 퇴직 후의 일상에 대한 글도 쓰고 있다.

 점심시간이 되면 약속 장소에 가서 보고 싶었던 사람들과 식사도 하고 차도 마신다. 이런저런 세상 돌아가는 이야기도 하고 앞으로의 준비에 대한 의견도 나눈다. 퇴직을 하고 가장 즐거운 시간이 점심시간이다. 직장을 다닐 때는 식사시간이 딱 한 시간이어서 항상 아쉬움이 많았다. 만나자마자 인사만 대강 하고 허겁지겁 쫓기듯이 대충 끼니만을 나누고 헤어져서 사무실에 돌아올 때는 어느 때나 여유롭게 식사를 할 수 있을까 하는 생각이 많았다. 지금은 시간도 마음대로 정할 수 있고, 끝나는 시간도 정해져 있지 않으므로 대화를 나누며 느긋하게 식사를 하고, 자리를 옮겨 커피 한 잔을 나누며 오후 시간을 보낼 수 있어 더 한 바람은 없을 정도이다. 오후에는 회사 일을 하거나 딱히 일이 없어도 해가 지기 전에는 집에 들어가지 않으려고 노력하고 있다.

 두어 달이 지나면서 나름 시간을 정해서 출근과 퇴근을 규칙적으로 하려고 하니 불안정하고 들떠 있던 생활이 조금씩 안정을 찾아가고 있는 느낌이다. 요즘은 직장생활을 하며 하지 못했거나 미뤄두었던 행정업무나 민원을 처리하는 재미에 빠져 있다. 시청에도 가고 주민센터도 찾아가고 한전이나 지적공사에도 다닌다. 퇴직 한지 얼마 안되었으나 공무원들의 태도가 왜 그런지 모르겠다고 투덜대는 걸 보면 벌써 민원인의 입장이 된 것 같다. 조만간 집 보수도 해야 한다. 주택을 지은 지 7년이 지나다 보니 여기저기 손볼 곳이 많아져서 수리도 해야 하고 울타리도 새로 페인트칠을 해야 한다. 직장에 다닐 때는 시간 내기가 어렵다는 핑계로 미루고 미뤄 놨던 일들을 하나씩 처리할 계획이다.

  서툴지만 하나하나 적응 중이다. 뭐 할지 하는 고민은 많이 없어졌다. 직장 다닐 때보다 할 일이 많아졌다.

면접 보러 왔어요

"자신이 멘토라고 생각하고 처음 만난 멘티들에게 자기소개와 앞으로 진행할 멘토링 내용에 대해 설명해 보세요."

앞에는 세 명의 면접위원들이 평가서를 앞에 두고 앉아 있었다. 면접 평가장의 모습은 익숙한 장면이었으나 무척 긴장이 되었다. 역할이 바뀌었기 때문이다. 직장에 근무할 때는 출제위원, 심사위원, 면접위원의 입장으로 많은 사람들을 평가했었다. 막상 내가 피평가자로 자리에 서자 모든 것이 낯설고 불안하고 심장이 쫄깃했다. 오래전부터 도전하고 싶어 생각을 많이 하였던 터라 평소 생각했던 내용에 대해 소신껏 대답을 하고 나왔다.

　면접일은 날씨가 무척 추웠다. 늦지 않게 도착하기 위해 서둘러 가다 보니 너무 일찍 도착하였다. 코로나로 인해 대기실 대기 인원이 제한되어 대기실에 들어가지도 못하고 밖에서 떨어야 했다. 안내 직원의 지시에 따라 체온 측정과 신속 항원 검사를 마치고 면접 시 주의사항에 대한 설명을 들었다. 심사에 참여한 응시생의 모습들이 다양하다. 기존에 멘토로 활동한 사람들은 한번 해 본 경험이 있어서인지 여유도 있고 다른 수험생들에게 이런저런 조언도 해준다. 처음 지원한 수험생은 어떤 질문이 나올지 물어보기도 하고 지원서에 작성한 자기소개서를 꺼내 읽어 보기도 하며 초조함이 역력하다. 면접을 많이 보지는 않았지만 심사장의 분위기에 조금 익숙한 덕분에 약간의 여유는 가질 수 있었다. 위원으로 참여한 경험을 바탕으로 예상 질의에 대해서도 조금은 준비를 할 수 있었다. 그래도 수험생으로서 떨리는 것은 어쩔 수 없었다.

　그간 나에게 심사를 받았던 사람들을 어떻게 대했는지 생각해 보았다. 혹시 상처를 주는 질문이나 언사를 행사한 사실은 없는지,

수험생들에게는 너무도 중요한 심사를 조금이라도 소홀히 대하지는 않았는지, 수험생의 입장을 생각하며 과정에 임했는지 생각이 많아졌다. 그동안 생각하지 못했던 수험생의 입장이 떠오른 걸 보면 입장이 바뀌어 봐야 상대방을 이해할 수 있다는 말이 맞나 보다. 긴장감 팽팽한 대기실에서 옛날 심사위원으로 참여했던 모습이 교차하는 것은 어쩌면 당연한 일인지 모르겠다. 세 명씩 한 조로 면접을 보고 평가장을 나왔다.

전북문화관광재단에서 주관하는 '인생 나눔 교실'에 멘토로 지원을 했다. 직장에 다닐 때 신청을 하였으나 직장인은 시간상 제약이 많아 어렵다면서 퇴직을 하면 해보라고 하였었다. 퇴직을 하고 꼭 해보고 싶은 마음에 공고가 나자마자 지원을 했다. 직장에 다닐 때는 승진시험이 전부였는데 사회에 나와 새로운 도전을 위한 시험을 치르게 된 것이다. 1차 서류 신청을 하여 합격하고 2차 면접 심사도 무사히 합격하여 최종 선발이 되었다. '인생 나눔 교실'이 시작된 지 7년이 되다 보니 제법 알려져서 많은 사람이 지원을 하여 경쟁이 치열했다. 사회에 나와 첫 도전을 하여 통과한 것이다. 나름 사회에 첫발을 잘 내디딘 것 같아 뿌듯하고 대견하면서도 사회라는 곳이 녹록하지 않다는 사실을 몸소 체험한 소중한 경험이 되었다.

처음 면접위원으로 심사를 진행한 것은 서울에 근무할 때 인사혁신처에서 실시한 시간제 공무원 선발 심사였다. 세 명의 면접위원이 오전에 여섯 명, 오후에 여섯 명을 심사해서 각 한 명씩 그 자리에서 바로 선발을 하는 것으로 시험이나 서류 심사 없이 면접만으로 바로 선발을 했다. 당시만 하여도 면접에 익숙하지 않던 때라 면접만으로 적합한 지원자를 선발할 수 있을지에 대해 의구심을 가지고 있었다. 그만큼 면접을 잘해야 한다는 부담감도 있었고, 처음 참여한 심사라서 수험생들보다 더 긴장했었다. 한 시간 정도 사전 교육을 받고 심사 기준에 대해서도 설명을 듣고 위원들끼리 선발에 대한 사전 미팅 시간도 가졌다. 위원들이 돌아가면서 한 문항씩 질문을 하여 대답한 내용을 듣고 5단계로 채점을 했다. 오전 심사가 끝나고 한 명을 선발하였다. 정말 놀라운 일이 일어났다. 심사위원 세 명이 매긴 수험생들의 점수가 거의 비슷하였다. 시험이 아닌 면접으로 채점한 점수가 어떻게 이렇게 비슷할까 의문이었다. 오후에 면접을 보고 채점한 점수도 마찬가지였다. 선발이 모두 끝나고 다른 위원들에게 물어보니 시험이 아니고 면접 심사여도 심사 결과는 거의 비슷하다면서, 그래서 공정하기만 하면 면접만으로도 제대로 선발을 할 수 있다고 하였다. 새로운 사실을 알게 되고 그 후에는 면접 심사에 대한 의구심은 전혀 가지지 않게 되었다.

  그 후 직장 내 서류 심사와 면접 심사에 심사위원으로 여러 번 참여했다. 심사를 하여 선발한 직원에 대해서는 남다른 관심이 생겼다. 잘 적응은 하고 있는지, 힘든 일은 없는지, 근무하면서 애로사항은 없는지에 대해 살펴보며 직장에서 잘 근무하도록 신경을 쓰게 되었다. 위원으로 참여를 하면 선발만 하고 끝이 아닌 그 직원이 자리를 잘 잡도록 해야 하는 의무감도 생긴다. 그래서 선발을 할 때부터 그 일에 적합한 지원자를 신중하게 선발해야 하는 책임감도 크다는 것을 알았다.

  사회생활 2막을 시작하면서 모든 것을 다시 준비해야 한다는 것을 알게 되었다. 무엇 하나 쉽게 주어지는 것은 없을 것이다. 사회에서 무언가를 하기 위해서는 처음부터 도전을 하여 치열한 경쟁을 해야 한다. 그때마다 서류 심사와 면접 심사의 과정을 거쳐야 할 것이다. 힘들고 어렵겠지만 당연한 일상으로 받아들여야 한다. 물론 처음 가는 길에 대한 기대와 호기심으로 설레는 마음도 있다. 오늘도 또 다른 면접을 위해 여기저기 공고나 알림을 찾아본다.

• chapter 1. 라떼가 퇴직을 했다 •

인생을 나눠 줄 수 있나요

한 학생이 엎드려 잠을 자고 있다. 멘토링을 시작하고 5분 정도만 눈을 뜬 상태로 있다가 그 후 80분 멘토링 시간 내내 잠을 잤다. 이럴 경우 어떻게 해야 하는지에 대한 사전 지식이나 경험이 없던 나로서는 난감하고 답답했다. 아이들에게 뭔가 도움을 주고 싶다는 마음으로 시작한 멘토링인데 호응을 하지 않는 아이들이 안타깝고 야속하기까지 했다. 시간이 어떻게 흘렀는지도 모르게 대충 정리를 하고 교실을 나서는 내가 밉기도 하고 무능한 나에게 화도 났다. 이런 상황조차 현명하게 대처하지 못하는 사람이 누구를 멘토링 하겠다고 나섰는지 후회마저 되었다.

  퇴직을 하고 처음 도전한 '인생 나눔 교실'은 인문적 소양을 갖춘 선배 세대가 인생 경험을 바탕으로 후배 세대를 찾아가 멘토링을 진행하는 사업으로 벌써 7년째 진행 중이다. 내가 과연 인문적 소양을 갖추었는지 원초적인 의문에 직면했다. 튜터를 찾아 조언을 구했다. 튜터는 질문 반 푸념 반의 넋두리가 끝날 때까지 조용히 듣고 있었다. "멘토님은 멘티 학생이 왜 그런다고 생각하세요?" 튜터의 갑작스러운 질문에 당황했다. 생각해 보니 멘티 학생이 멘토링에 집중하지 않고 잠을 자는 것에 화는 내면서도 멘티가 왜 그런 행동을 하는지에 대해서는 깊게 생각하지 않았다. 멘티의 입장에서 고민을 해보지 않은 것이다.

  내가 멘티라면 이 멘토링을 좋아할까라고 반문해 보았다. 내가 옳다고 생각한 방식을 모두 좋아하리라고 생각한 것이 잘못이었다. 지금 아이들에게는 책을 읽고 생각을 나누고 글을 쓰는 것이 중요한 것이 아니라는 사실을 깨닫게 되었다. 여기에 왜 오게 되었는지, 지금 무엇이 가장 힘들고 어떤 고민이 있는지, 앞으로 어떤 길을 가고 싶어 하는지, 책을 덮고 아이들의 이야기에 귀를 기울이기 시작하자 멘티들이 조금씩 마음을 열어 주기 시작했다. 아이들에겐 무얼 가르쳐 주는 게 중요한 것이 아니라 아이들이 말하는 이야기를 들어주는 것이 필요하다는 사실을 알았다.

　대안학교에서 고등학교 1-3학년 6명과 멘토링을 진행했다. 그곳은 각기 다른 학교에서 위탁된 중·고등학생 20여 명이 함께 생활하는 곳이다. 학생들은 소속 학교도 다르고, 짧게는 일주일에서 길게는 1년 정도 생활을 하다 복귀를 한다. 그러다 보니 각자 개성도 강하고 규칙도 자율적인 면이 많아 일반적인 학교생활과는 다른 점이 많았다. 처음에는 잘 적응이 되지 않았으나 누구보다 아이들에게 관심이 많다고 자부해 오던 터라 크게 걱정은 하지 않았다.

　멘토링의 주제는 수필집을 읽고 글을 쓰면서 자아 찾기로 정했는데 책을 읽는 것부터 아이들의 반발이 있었다. 학습을 위주로 하는 정규과정에 거부감이 있어서 이곳에 온 아이들에게 책을 읽자고 한 것부터 무리였다. 공부를 시키기 위해 책을 읽자고 한 것은 아니지만 아이들에게는 책이라는 단어부터 거부감이 있어 보였다. 어떻게 해야 하나 난감했다. 책을 덮고 꿈을 물어보았다. 아이들은 꿈이 없다고 했다. 용어 선택을 바꾸었다. 앞으로 무얼 하고 싶은지 물어봤다. 고깃집 사장, 댄스 가수, 자동차 정비, 미용이라고 말하는 아이도 있고 아예 하고 싶은 게 없다고 말하는 아이도 있었다. 아이들이 하고 싶은 것에 대한 이야기를 하면서 어렵게 소통의 첫 발을 내딛었다.

일단 어려운 글보다는 아이들이 흥미를 가질 만한 첫사랑에 대한 글을 선택해서 읽어보자고 했다. 아이들은 눈을 반짝이며 읽는 내내 집중했다. 각자의 첫사랑에 대해 이야기를 나누는 시간을 가졌다. 아이들의 첫사랑은 내가 알고 있고 정의했던 첫사랑과는 거리가 멀었다. 아이들의 세대와 내가 너무 다르다는 사실을 인식하면서 정서적 접점이 있을까 걱정이 되기도 했다. 횟수를 더하면서 약간의 호응을 보이기 시작했으나 딱 거기까지였다. 참여 태도도 진전이 되지 않고 출결도 들쭉날쭉하다 결국 두 명이 참여를 하지 않겠다고 이탈을 했다.

직장생활을 하며 많은 청소년을 만났다. 각자의 이유가 있겠지만 내 앞까지 왔다는 것은 그 아이에게 어렵고 힘든 많은 과정이 있었다는 것을 의미한다. 재판에 넘기기 전에 아이들의 교화를 위해 여러 가지 방법을 시도한다. 잠깐 만난 사이로 얼마나 많은 영향을 줄 수 있을지에 대한 회의도 있지만 그 순간만은 아이를 위해 뭔가 해야 한다는 의무감에 최선을 다했다. 업무적으로 만난 사이라 내가 해 줄 수 있는 게 많지 않았지만, 아직 어린 아이들에게 한 번 더, 한 번 더 하는 심정으로 기회를 주려고 애썼다. 오랫동안 마음 한편에 남아 있던 아이도 있었으나 사건이 내 손을 떠나면 더 이상 관여할 수가 없다. 그때마다 아쉬움이 많이 남았었다.

이번에는 어떤 일이 있어도 아이들의 손을 놓지 않겠다는 마음으로 힘겨운 과정을 이어갔다. 이런 나의 마음을 알아주리라 믿으며 묵묵히 멘토링을 진행했다. 이탈을 했던 아이 중 한 명은 다시 합류를 했다. 어려울 수도 있겠지만 맛이라도 보여주겠다는 심정으로 낭독을 시도했다. 처음에 꺼려 하던 아이들도 자신의 목소리를 녹음하여 듣는 경험은 처음이라 호기심을 보이기 시작했다. 낭독은 글을 쓰는 시작과도 같다. 글을 써보자고 하니 아예 거부를 했다. 어른들도 힘들어하는 글쓰기를 하기 위해서는 남다른 방법이 필요했다.

사진에 글을 입혀 인화해 주기로 했다. '글그램' 앱을 통해 자신이 찍은 사진에 3줄 정도의 글을 쓰게 하고 이를 즉석에서 사진으로 인화해 주었다. 아이들의 반응은 의외로 좋았다. 멘토링에 참여하지 않은 아이들까지 쫓아와서 사진을 인화해 달라고 했다. 한 주 한 주 시간이 흐르며 불가능할 것 같았던 아이들의 글쓰기는 조금씩 나아졌다. 글이 담긴 사진들이 강의실 한쪽 벽면을 채워가는 것을 보며 아이들도 내심 자부심을 느끼는 것 같았다. 마지막 날에는 아이들이 야외행사에서 찍은 사진에 자신의 꿈을 적은 글을 인화해서 액자에 넣어 선물해 주었다.

아이들에게 인생 경험을 나눠주겠다고 시작한 '인생 나눔 교실'을 통해 오히려 아이들로부터 더 많은 인생을 배웠다. 인생 멘토라고 하기에는 많이 부족하고 모자라다는 사실도 깨닫게 되었다. 멘토링을 끝내고 나니 더 잘할 수 있었는데 하는 아쉬움이 남는다. 선의가 오히려 아이들에게 피해를 준 것은 아닌지 뒤돌아보기도 했다.

다시 '인생 나눔 교실'에서 멘토를 모집하고 있다. 아이들과의 멘토링은 막연히 한번 해 보고 싶다는 생각이나 경험 삼아 해 본다는 마음으로 시작하면 안된다는 교훈을 되새겨보니 주저된다. 한편에선 한번 더 하면 좀 더 잘할 수 있는데 하는 아쉬움과 초보여

• chapter 1. 라떼가 퇴직을 했다 •

서 미처 나누지 못했던 것에 대한 미련으로 재도전을 하고 싶은 마음도 있다. 어떤 선택을 하든지 나와 아이들의 성장에 도움이 되는 인생 나눔이 되면 좋겠다.

송 to the 재 to the 영

아이들을 만나는 순간 용기를 내서 "홍 to the 길 to the 동 ~~" 인사를 했다. 아이들은 깜짝 놀라 잠시 머뭇거리더니 우스꽝스러운 내 모습에 깔깔대며 배를 잡고 뒤로 넘어갔다. 어색함과 창피함으로 괜히 했다는 후회를 할 무렵 상황을 파악한 아이들이 환한 모습으로 "송 to the 재 to the 영"을 소리 높이 외쳐 주었다. 아이들과 친해지기 위해 무엇을 해야 하나 고민했다. 이런저런 생각을 하다 드라마에서 본 인사법이 생각났다. 몸치를 무릅쓰고 손짓 발짓을 하며 '우영우 인사법'을 열심히 배웠다.

• chapter 1. 라떼가 퇴직을 했다 •

5개월 동안 매주 지역아동센터에 있는 아이들과 멘토링을 진행했다. 지역아동센터는 초등학교 2-3학년 6명이 대상이어서 오랜만에 초등학교 시절로 돌아가 볼 수 있었다. 한 주 한 주 멘토링을 진행하면서 한 아이의 말투나 그림이 조금 이상하다는 느낌을 받았다. 그 아이는 주위가 산만하고 다른 아이들의 행동을 방해하기도 하며, 자신은 못된 아이이고 필요 없는 사람이니 없어져야 한다는 말을 서슴지 않게 했다. 그림을 그릴 때도 뿔이 있는 괴물을 그리거나 무서운 형상의 사람을 그리곤 했다. 1:1 면담을 거치면서 아이의 가정환경과 주위 여건에 대해 알게 되었다.

　내가 해 줄 수 있는 게 무엇일까 생각했다. 그 후에는 아이가 그런 말을 하면 즉시 중단시키고 "너는 이 세상에서 무척 소중한 아이이고 많은 사람들로부터 사랑받고 있어. 네가 있어 많은 사람들이 행복해하고 있고, 앞으로 너는 많은 사람들을 사랑하며 사랑을 나눠주는 멋진 어른이 될 거야."라는 말을 계속해 주며 스스로도 그런 말을 하도록 했다. 만나면 꼭 안아주고, 아이의 말을 끝까지 들어주고, 잘한다고 칭찬하며 자신이 소중한 사람이라는 사실을 알게 해 주려 노력했다. 아이는 멘토링 시간이면 곁에 앉아 수시로 나의 손을 만지기도 하고 손등을 쓰다듬기도 했다. 그때마다 그 아이를 쳐다보며 웃어 주었다. 아이는 자신이 사랑받고 있다는 사실을 확인하고 싶었던 모양이다.

 18주 동안 동화책을 읽으며 생각을 공유하고, 동화 속 이야기를 그림으로 그리며 아이들의 동화를 만들어 갔다. 또랑또랑한 목소리, 초롱초롱한 눈, 장난기 많은 얼굴, 순수한 마음을 가진 아이들과 지내면서 새로운 세상을 경험했다. 매주 나를 기다리는 아이들이 있다는 사실에 마냥 행복했다. 시간이 흐르면서 뭔가 부족하다는 느낌이 들기 시작했다. 웃고 떠들고 장난하는 아이들의 얼굴 사이로 언뜻언뜻 그늘이 보였다. 센터 선생님에게 아이들에 대해 한 명 한 명 구체적으로 물어보았다. 아이들 개개인의 여건과 환경을 알게 되었다.

 내가 멘토링을 지원한 이유를 되새겨 보았다. 학교 선생님처럼 아이들의 학습을 위해 온 것이 아닌데 잠시 멘토의 역할을 잊고 있었던 것이다. 아이 한 명 한 명에 집중하기 시작했다. 아이들의 이야기에 귀 기울이고 아이들의 말에 귀를 쫑긋하며, 아이들과 같이 호흡하려 노력했다. 18주의 과정을 통해 한 권의 동화책을 읽었

• chapter 1. 라떼가 퇴직을 했다 •

다. 아이들이 그린 그림은 한 권의 동화책이 되었다. 마지막 멘토링 시간엔 아이들이 선생님의 모습을 그려주겠다고 했다. 앞으로도 자기들을 잊지 말라며 정성스레 그린 내 모습에 응원의 글까지 적은 각자의 그림을 건네주었다. 이렇게 멋진 선물을 받아도 되는지 반성하며 울컥했다. 지금도 거실 중앙 벽면엔 아이들이 그려준 응원의 그림이 환한 모습으로 걸려 있다.

  많이 부족하지만 이 정도라도 할 수 있었던 것은 든든한 튜터와 동료 멘토들이 있어서 가능했다. 튜터는 멘토의 부족한 부분을 채워주고 지도해 주는 사람이다. 멘티기관과의 원활한 관계 유지를 위해서도 중간에서 역할을 해 준다. 새로운 멘토링 기법이 있으면 수시로 공유해 주고 멘토링에 참관도 하며 격려를 아끼지 않는다. 함께 한 멘토들도 진정한 나의 멘토였다. 멘토들은 사회 선배로서 막 사회에 발을 내디딘 나를 위해 조언도 해주고 응원도 해 주었다. 멘토링에 힘들어할 때 자신들의 경험을 공유해 주고 함께 고민하며 방법을 찾아 주기도 하였다. 한 달에 한 번은 튜터의 주관하에 간담회를 갖고 멘토링 과정에서 느낀 어려움이나 멘토링 방법에 대해 연구하고 공유하는 시간을 가졌다. 분기별로 기관에서 워

크숍을 주관하여 많은 멘토들과 교류도 하고 새로운 기법도 배우며 멘토로서의 역량을 키울 수도 있었다. 한 명의 좋은 멘토가 만들어지기까지 많은 사람들의 도움과 격려가 필요하다는 것을 알게 되었다.

다시 멘토를 할 수 있을지 고민이 많다. 처음에는 잘 모르는 상태여서 쉽게 지원을 하였지만 이제 멘토링이 어렵다는 사실을 잘 안다.

한 학기를 마치며

    1학기 기말고사가 끝나고 채점을 한다. 처음 시작할 때만 해도 한 학기를 어떻게 진행할까 걱정도 되고 부담도 컸는데 한 주 한 주 열심히 준비하고 학생들을 만나다 보니 종강이 다가왔다. 시간이 일주일 단위로 흘러갔다. 모든 일정이나 계획이 수업을 기준으로 움직였다. 대학 과정의 한 학기가 15주라는 사실도 학창 시절에는 모르다가 이제야 알았다. 능동자와 수동자의 차이를 실감했다.
    평소 가장 많이 들었던 직업은 선생님이었다. 처음 만난 사람들 중 열에 아홉은 나의 직업이 선생님이라고 생각하거나 믿고 있었다. 이미지가 옛날 훈장 선생님이나 초·중·고 선생님 같다고 했다. 왜 그런 이미지가 형성되었는지는 모르나 하도 많이 듣다 보니 선생님이 되었으면 어땠을까 하는 상상도 많이 했었다. 덕분에 잠재의식 속에서 선생님처럼 온유하고 따뜻한 사람이 되려는 행동을 하며 살아왔는지도 모르겠다. 언젠가는 아이들과 함께 할 수 있을지도 모른다는 막연한 기대를 꿈꾸어 왔다.

  직장생활을 하면서 내부강사를 선발한다는 공고에 가장 먼저 지원을 했다. 이전까지는 외부강사로만 교육을 진행하다 처음으로 내부강사 선발을 시도하는 것이라 회사에서도 신경을 많이 썼다. 서류 선발 후에 지원자들을 대상으로 강의에 필요한 기초적인 스킬을 알려주는 교육이 진행되었다. 전국에서 모인 수사관들과 법무연수원에서 3박 4일 동안 교육을 받았다. 그 후 역량강화 과정까지 수료하고 실전에 투입되었다. 신규 수사관이나 승진 수사관을 대상으로 수사실무에 대한 강의를 했다. 당시에는 내부강사 교육이 활성화되지 않아 전임이 아닌 특강 형식으로 참여를 했다. 후속으로 개설된 특별사법경찰관 강사 모집에도 참여하여 특사경 강사로도 활동을 했다. 이때부터 선생님이 되고 싶다는 바람을 현실

• chapter 1. 라떼가 퇴직을 했다 •

로 실행하기 시작했던 것 같다. 지방에서는 강사 활동을 하는 수사관이 거의 없던 실정이라 조언을 구하는 몇몇 후배들을 인도하여 강사의 길을 걷게 한 경우도 있었다.

퇴직을 하고 가장 먼저 도전한 것이 청소년 멘토링이었다. '인생 나눔 교실'에서 멘토로 활동하며 초등. 중등. 고등학생까지 다양한 청소년을 만났다. 지금껏 경험한 인생을 성심성의껏 알려주려 노력했다. 그 후 글쓰기 강사, 선거관리위원회 초빙 강사, 법 생활 관련 강사로 활동하기 시작했다.

W대학에서 경찰행정학 교수를 선발하는 공고가 났다. 드디어 선생님을 할 수 있는 기회가 왔다. 첨부 서류를 꼼꼼히 준비하여 임용지원서를 제출했다. 겸임교수로 채용이 되었다. 직업이 선생님 아니냐는 말을 평생 듣고 살더니 결국 선생님이 된 것이다. 기분이 묘하면서 엄청 기뻤다. 딱 거기까지 좋았다.

학기 개강이 되자 모든 것이 현실이 되었다. 선생님에서 한순간 수험생이 된 기분이었다. 1학기 과목은 〈경찰수사론〉을 강의했다. 수사는 30년을 종사하였던 분야라서 실무는 어느 정도 자신이 있었다. 문제는 이론이었다. 그간 〈형사소송법〉이 대대적으로 개정이 되었고, 이에 따라 수사준칙과 범죄 수사규칙, 경찰 수사규칙이 개정되었다. 수사환경도 피의자의 인권보호 측면에서 많은 변화하였고, 수사 절차도 디지털의 발전에 따라 전문적으로 세분화되어 가고 있었다. 이런 상황을 따라가기 위해 많은 공부를 해야 했다.

수업계획서에 따라 매주 수업 준비를 하고 강의를 진행했다. 수업이야 준비를 철저히 하면 되지만 체력은 하루아침에 좋아지는 것이 아니어서 3시간 연강을 하는 것이 쉬운 일은 아니었다. 평소 운동을 꾸준히 하는 편이지만 3시간을 서서 떠들다 집에 오면 피로가 밀려오곤 했다. 시간이 지나면서 아이들의 이름과 성향도 알게 되고, 강의가 점점 몸에 익숙해지면서 재미가 붙기 시작했다. 뉴스에 난 기사를 가지고 압수수색영장을 만들어 보기도 하고, 수사 절차에 대한 대법원 판례를 찾아 같이 읽으면서 학생들과 논점에 대해 이야기도 했다. 책으로만 접하는 수사를 현장에서 실용되는 수사와 접목시켜 주기 위해 노력했다. 이론에 더해 실무에서 사용하는 판례 보는 법, 양식 기재하는 법, 조서 작성하는 법을 직접 실습도 해보았다.

대학 생활에서 원픽을 꼽으라면 단연 수업 전 노천카페에서 커피를 마시는 시간이다. 수업 시간보다 여유롭게 도착하여 카페에 앉아 커피 한 잔을 앞에 두고 교정의 생기 발랄함을 느끼며 당일 수업에 대해 정리하고 있으면 그 자체로 행복했다. 학생들과 어떻게 소통할까, 오늘은 무슨 말을 나눌까, 한 가지라도 배움이 있는 시간이 되게 해야지 하는 생각을 하면서 조금씩 진짜 선생님이 되어 갔다.

어려움도 많았다. 요즘 아이들의 성향을 몰라 당황해하기도 하고 서운해하기도 하며 혼자 북 치고 장구 치고 하는 심정도 있었다. 나의 학창 시절은 생각지도 않고 좀 더 열심히 하면 좋을 텐데 하는 아쉬운 마음도 들곤 했다. 수업이 진행되면서 각자 자신의 위치에서 최선을 다하고 있는 학생들의 모습이 눈에 들어오기 시작했다. 바늘구멍과 같은 취업 전선에서 힘들게 버티고 있는 학생들이 대견하다는 생각도 들었다. 학생들을 전체가 아닌 한 명 한 명 개인으로 바라보면서 개개인의 성품과 특징을 살펴보게 되었다. 수강생이 아닌 인생 후배로서 사회에 잘 적응할 수 있도록 작은 힘이라도 보탬이 되는 선배가 되고 싶었다.

방학이 시작되면서 강의도 잠시 휴지기를 갖고 있다. 홀가분한 기분으로 여유를 가지며 2학기에는 어떤 내용으로 함께 할까 고민 중이다. 조만간 강의 준비도 시작해야 한다. 이제 어느 정도 학교 시스템도 알게 되고, 학생들과 소통도 잘할 수 있는 경험이 생겼다. 다음 학기에는 학생들에게 실질적인 도움이 될 수 있는 나만의 교수법으로 진행하고 싶은 욕심도 있다. 초보 병아리 선생이 과욕을 부리는 것은 아닌가 싶다 가도, 학생들을 위한 거라면 아무리 욕심을 부려도 괜찮은 것 아니냐며 위안을 해본다. 2학기 개강이 기다려진다.

• chapter 1. 라떼가 퇴직을 했다 •

동굴을 찾아서

아무도 없다. 텅 빈 30평 공간이 나를 반긴다. 환기가 잘 되어 쾌적한 공기가 가득하고, 조금 귀에 거슬리면서도 시대를 따라간다는 안도감을 주는 빠른 비트의 음악이 흘러나온다. 양 벽면이 전면 유리인 확 트인 뷰가 눈을 사로잡는다. 항상 앉던 자리에 앉아 가방을 열고 노트북과 필기도구를 꺼내면 진한 커피향이 카페 안에 스며든다. 새로운 하루를 시작할 수 있음에 감사하며 막 볶은 최고의 커피를 입에 머금고 눈을 감는다. 나만의 공간이 좋다.

글을 쓰기 시작하면서 글 쓰는 장소를 찾아다녔다. 한번 앉으면 한 편의 글이 나올 수 있는 공간이 필요했다. 편안하고 자유로운 공간의 집이 있는데 무슨 공간이 필요하냐고 할 수 있다. 아내도 그랬다. 집에서 글을 쓸 때면 말도 걸지 않고 방해도 하지 않고 조용히 해 주겠다고 했다. 몇 차례 시도를 해보았다. 생각은 여기저기 날아다녀 집중이 되지 않고 진득하게 앉아 있지 못하고 자리를 뜨곤 했다. 한참을 매달려도 진도가 잘 나가지 않았다. 노트북과 필기도구를 들고 집을 뛰쳐나왔다. 도서관에도 가보고 사무실에도 가봤다. 마음먹은 대로 글이 써지지 않았다. 여기저기 헤매다 우연히 들른 삼천 천변에 있는 카페에서 단숨에 한 편의 글을 썼다. 1년 넘게 주말이면 항상 그곳에 있었다. 글감이 떠오르지 않으면 삼천천을 걸으며 생각을 정리했다. 그곳에서 첫 출간 책이 나왔다.

제주로 전보가 되면서 새로운 공간이 필요했다. 제주도 토종 프랜차이즈인 에이바우트에 둥지를 틀었다. 한국의 스타벅스를 꿈꾸며 창업을 해서 프랜차이즈화 했다고 한다. 1막을 마무리하며 2막을 준비하기에 딱 좋은 곳이었다. 숙소에서 멀지 않은 곳에 에이바우트 카페가 있었다. 출근을 하면서 잠시 들러 따스한 제주의 햇살을 맞으며 커피를 마시는 호사를 누리기도 했다. 퇴근을 하여 딱히 일정이 없을 때도 이곳을 찾았다. 주말이면 제주의 곳곳을 헤집고 다니면서 찍은 사진으로 영상을 제작하여 유튜브에 올리는 작업도 하고, 휴일 아침 느지막이 샌드위치로 브런치를 즐기던 곳도 이곳이었다. 에이바우트는 체인점도 많고 체인점마다 인테리어와 구조가 다양해서 탐방을 하며 사진에 담는 것도 큰 즐거움이었다. 행복한 제주 생활의 추억이 한 땀 한 땀 엮여 있는 곳이다.

   새로운 사회생활을 시작하며 지금의 세 번째 카페에 자리를 잡았다. 벌써 1년 넘게 애용하고 있다. 차로 10분 거리여서 출퇴근하는 느낌이 있어 좋다. 업무를 처리하고, 기획서를 작성하고, 일지를 제출하고, 밀린 일정도 정리한다. 회사에 가기도 좋고 시내로 진출하기도 좋으며 주차도 편리한 편이다. 무엇보다도 직원분들이 친절하고 커피 맛도 좋다. 완벽한 장소가 시간이 지나면서 뭔가 불편해지기 시작했다. 정이 많이 들어서인지 손님이 적으면 왠지 마음이 안 좋다. 여러 매체에서는 카페에 자리잡고 진상을 부리는 카공들에 대한 이야기도 심심치 않게 나오고 있다. 물론 문제가 되는 것처럼 하루 종일 있는 것도 아니고, 콘센트를 몇 개씩 꽂

아 전기를 사용하는 것도 아니고, 여러 좌석을 차지하는 것도 아니다. 그래도 가게 되면 2-3시간은 있게 되고, 노트북을 위해 전원도 사용하게 되고, 간혹 1인석이 없으면 2인석 이상을 차지하는 것은 인정해야만 한다.

 한 달 전부터 새로운 공간에 대한 고민이 시작되었다. 카페가 좋기는 하지만 다른 사람들의 이목이 부담스러워지고 있어 새로운 공간이 필요해지고 있는 것이다. 앞으로 필요할 것을 대비하여 미리 사무실을 구할까 하는 생각도 했다. 사무실은 월세나 관리비를 내야 하는 어려움이 있다. 아직은 꼭 필요한 것도 아닌데 개인적인 시간을 보내기 위해 비용을 지출해야 하는 것이 부담스럽다. 시립도서관들이 최근 리모델링이 되어 카페 이상으로 공간이 예쁘고 기능적으로도 개선이 되었다. 도서관에 가면 카페처럼 진상으로 보일까 봐 위축되는 부담은 없다. 냉·난방의 환경도 최상이고, 전원 사용도 편리하고, 입·출입이 자유스럽다. 단점이라면 이용객이 많아 일찍 가지 않으면 좌석 잡기가 어렵고, 도서관의 특성상 노트북 사용이나 전화 통화가 어렵고, 사람과의 미팅도 어렵다. 그럼에도 도서관은 매우 다양한 세대의 많은 시민이 찾는 곳이다.

• chapter 1. 라떼가 퇴직을 했다 •

특히 연세가 많은 남성분들이 많이 이용하고 있다. 공부를 하기도 하고, 신문을 보기도 하고, 영상을 보기도 하고, 쉬기도 한다. 점심 시간이 되면 나가서 식사를 하고 다시 오는 사람들도 많다. 연세가 많은 남성분들이 도서관을 애용하는 이유가 무엇일까 생각해 본다. 나를 돌아보게 하는 모습들이다.

나의 집은 모악산 등산로 초입이 있는 시내 외곽에 있다. 산책을 하기 위해 산기슭 오솔길을 걷다 보면 움막이나 컨테이너를 종종 만난다. 대부분 퇴직을 하였을 정도의 나이가 들어 보이는 남성들이 밭일을 하며 세컨하우스 개념으로 휴식을 취하는 곳이다. 8년 전 이곳에 이사를 들어왔을 때만 해도 별로 없었는데 요즘에는 여기저기 많이 보인다. 이분들은 왜 여기에 있는 걸까? 처음에는 의아한 생각이 들었으나 세월이 흐르면서 이해가 되기 시작했다. 퇴직을 하여 시간은 많은데 할 일은 없어지고 갈 곳도 만날 사람도 점점 한계가 있다 보니 자신에게 맞는 생활 패턴을 찾은 것이다. 각자 자신들만의 동굴을 가꾸며 그 속에서 생활하고 있는 것이다.

그분들의 모습에 나의 미래가 오버랩 되었다. 나만의 공간을 찾아 헤매기 보다 조금 일찍 나만의 동굴을 만들면 어떨까 생각해 본다. 여기저기 떠돌아다니지 않아도 되고, 남의 시선을 의식할 필요도 없고, 자유롭고 편하게 이용할 수 있는 곳, 생각만 해도 설렌다. 아침부터 마음이 바쁘다. 동굴은 어느 곳에 자리 잡을지, 동굴은 어떤 모양으로 만들지, 대지를 구해 컨테이너를 가져다 둘까, 우리 집 넓은 마당에 만들까, 행복한 고민이 시작되었다.

출간하다

"인생이 설레기 시작했다." 실제 심장이 벌렁거릴 정도로 설렌다. 내가 쓴 글이 활자화되어 책으로 나오게 된다니 믿기지 않는다. 설레는 것도 잠깐, 어느 순간부턴 떨리기 시작했다. 책을 출간한다는 것은 발가벗은 모습으로 세상과 마주하는 것과 같다. 그래서 두렵고 무섭다.

처음 글을 쓰기 시작한 것은 2년 전이다. 글을 쓰고 싶다는 욕망이 솟구치면서 문예반에 등록한 것이 글을 쓰기 시작한 계기가 되었다. 매주 글을 쓰면서 나의 서랍에는 글들이 쌓이기 시작했다.

한 편 한 편 나의 이야기가 글로 표현되면서 나의 과거가 정리되어 갔다. 가슴 아팠던 기억들은 글을 통해 정화되어 갔고, 즐겁고 행복했던 시간들은 아름다운 추억으로 새겨지면서 삶의 마디마디가 하나씩 기록되었다. 시간이 지나면서 독자도 생기게 되고, 글이 써지지 않을 땐 독자가 보내준 "좋아요"와 응원 문구를 읽으며 다시 글을 쓰곤 했다.

글이 어느 정도 쌓이자 이를 어떻게 해야 하나 하는 문제에 봉착했다. 파일에 넣어만 두기도 그렇고, 계속 쓰기만 하기도 그랬다. 그렇다고 없애자니 너무 아깝다는 생각이 들었다. 글쓰기 강사로 여러 명의 작가를 길러 낸 친구에게 상의를 하니 글쓰기의 종점은 책을 출간하는 것이라고 했다. 글을 쓰면 출간 외에 다른 어떤 것으로도 깔끔한 마무리가 되지 않고 계속하여 아쉬움이 남는다고 알려 주었다. 그래서 결국 모두 출간을 한다고 했다. 그간 쓴 글을 모으면 한 권의 책을 만들 수 있을 것 같다며 출간을 해보라고 권유했다.

고민이 깊어졌다. 지금까지야 수정이 필요하면 고칠 수도 있고, 영 맘에 들지 않으면 없애면 되었지만 인쇄가 되어 출간이 되면 나의 손을 떠나 독자의 글이 된다. 답안지를 제출하고 그 결과를 기다리는 수험생의 마음이 되는 것이다. 피평가자가 된다는 것이 부담스럽기도 하고 시험을 잘 볼 수 있을지에 대한 자신도 없으니 망설여졌다. 결정을 하지 못하고 시간만 흘러갔다. 글을 모아 인쇄본을 만들어 출간 작가 몇 분에게 서평을 부탁했다. 나의 마음을 눈치챘는지 출간을 해도 괜찮겠다고 응원해 주었다. 옆구리 찔러 절 받는 형식이었지만 그래도 이를 핑계로 출간을 하기로 결정하였다.

친구가 소개해 준 출판사 두 곳에 원고를 보냈다. 한 곳에서는 다음 기회에 해보자고 하고, 한 곳에서는 흔쾌히 계약을 하자고 연락이 왔다. 친구와의 인연 덕분이라는 사실을 뻔히 알면서도 기획 출판을 해주겠다고 하니 몹시 기뻤다. 출판 계약서를 작성하고 나니 출판사 작가가 교정 교열을 봐주고, 디자이너가 책 표지와 내지의 편집과 배치를 도와주었다. 수시로 통화도 하고 메일도 주고받으며 나의 생각이 출간될 책에 하나씩 담기기 시작했다. 집을 지으며 집안 구석구석에 나의 손길이 닿았듯이 책을 출간하면서도 책장 사이사이에 나의 숨결이 스며들었다.

책 표지를 정하는 건 정말 힘들었다. 내가 보내준 이미지 사진과 의견을 참고로 디자이너가 5개의 샘플을 만들어 보내주었다. 모든 샘플이 일장일단이 있었다. 출간 과정에서 가장 오랫동안 고민하고 많은 분에게 자문도 구한 작업이었다. 최종 2개의 샘플을 놓고 고민에 고민을 더 했다. 요즘 트렌드에 맞는 샘플보다는 다소 고전적이지만 문학적으로 보이는 샘플을 선택했다.

계약부터 편집까지 2개월이 걸렸다. 힘든 부분도 있었지만 즐겁고 재미있게 작업을 했다. 출판사로부터 최종 확정이 되어 인쇄에 들어갔다는 연락이 왔다. 대형 서점에도 출간 보도 자료를 보냈으니 확인해 보라고도 했다. 대형 서점 사이트에 접속해 보니 내 책이 예약 판매로 올라와 있었다. 서점 사이트에서 내가 쓴 책을 보니 실제 작가가 된 듯했다. 주말마다 노트북을 들고 카페를 전전했던 많은 시간들이 떠올랐다.

독자는 냉정하다. 지인들이 읽어보며 칭찬해 주고 응원해 주었던 것과는 상황이 완전히 다르다는 것을 잘 안다. 아무런 기대도 하면 안된다고 다짐하면서도 한편으론 좋은 평가가 있기를 바라는 마음도 솔직한 심정이다. 오래전 유명한 전업 작가의 강의를 들은 적이 있다. 그 작가도 첫 번째 출간에 많은 기대를 하였으나 다른 사람들처럼 혹독한 평가를 받았다고 한다. 포기하지 않고 독자에게 호응을 받지 못한 원인을 분석하여 두 번째 책을 출간한 것이 베스트셀러 작가가 된 계기가 되었다고 하였다. 독자의 마음을 얻는다는 것은 결코 쉽지 않으니 포기하지 말고 꾸준히 쓰라는 충고도 해 주었다.

  출간을 하면서 두 번째 글을 쓰기 시작했다. 작품의 주제도 정하고 젊은 작가님으로부터 지도를 받고 있다. 출간을 결심한 이유 중엔 두 번째 작품을 준비하기 위한 마음도 있었다. 글을 계속 쓰기 위해서는 나의 글에 대한 독자들의 생각을 알고 싶었다. 내가 좋아하는 글이 아닌 독자가 원하는 글을 쓰기 위해 꼭 거쳐야 할 시험이라 생각한다. 출간이 되어 주위에 조금씩 알려지면서 지인들로부터 꼭 읽어보겠다는 응원의 연락이 오고 있다. 책이 나를 떠나 사람들의 손에 옮겨지고 있다. 이제 독자의 시간이다.

나만의 퍼스널 브랜드

　꽃심 시립도서관에서 글을 쓰고 싶어 하는 분들을 대상으로 브런치 작가 도전하기 강의를 했다. 한 분 한 분의 눈동자가 초롱초롱 반짝이며 강의실의 열기가 대단했다. 강의 실력은 부족하지만 하나라도 더 가르쳐주고 싶고, 한 분이라도 더 함께 할 수 있도록 최선을 다했다. 조금은 거친 글이지만 최선을 다해 꾹꾹 눌러써 온 글을 읽어 내려가는 수강생들의 모습에서 글에 대한 진심이 느껴졌다. 강의 기간 동안에 세 분이 작가로 등단을 했다. 기적과 같은 일이 일어난 것이다. 짧은 만남을 아쉬워하며 훗날 작가로 다시 만

• chapter 1. 라떼가 퇴직을 했다 •

나자고 약속했다.

 2019년 브런치 작가로 등단을 했다. 매주 한 편의 글을 쓰려고 노력했다. 글이 완성되면 든든한 응원군인 아내의 심사를 거쳐 몇 차례 퇴고를 하고 나면 브런치에 올려진다. 작가의 손을 떠나 독자의 시간이 시작된다. "좋아요"와 구독 수를 확인하며 그간의 힘듦은 새벽이슬처럼 사라진다. 브런치에서 진행하는 브런치북 출판 프로젝트에 신청도 하였다. 수상은 하지 못했지만 그때 출품한 작품이 이듬해에 책으로 출판이 되어 출간 작가도 되었다. 브런치 작가로 등단을 하고 5년 동안 놀랄 만한 많은 변화가 있었다. 전주 시청에서 발행하는 《전주다움》에 기고를 하여 영상도 제작하고, 잡지사와 협회 등에서 청탁을 받기도 하고, 단독 '북 콘서트'도 하고, 단체의 초청을 받아 '북 토크'도 진행했다. 책 읽기와 글쓰기를 주제로 '인생 나눔 교실'에 참여하여 청소년을 대상으로 멘토링도 진행하고 있다.

 김제, 익산, 전주에 있는 시립도서관에서 '브런치 작가 도전하기' 강의를 했다. 처음 강의를 시작할 때만 해도 브런치 작가에 대해 얼마나 알아서 수강 신청을 할까 하는 불안감도 있었다. 막상 개강을 하고 보니 의외로 브런치에 대해 아는 분도 많았고, 브런치 작가를 꿈꾸는 분들도 많다는 사실을 알게 되었다. 강의는 사내 강의를 몇 번 해본 것 외에 경험이 거의 없던 터라 어떤 내용을 어떻게 진행하여야 하나 하는 걱정이 많았다. 시간이 흐르면서 조금씩 강의 스킬이 쌓여 가고 기술보다는 진심이 더 중요하다는 사실도 깨닫게 되었다. 이제는 강의에 오신 분들이 모두 브런치 작가가 될 수 있도록 작은 도움이라도 드리고 싶은 간절함이 크다.

　퇴직을 하고 31년 동안 따라다니던 검찰수사관이라는 직함이 없어졌다. 나를 대신한 명함이 사라진 것이다. 한동안 힘들었던 이유 중 하나이다. 다른 사람에게 나를 소개할 때 할 말이 없었다. 그냥 이름만 말하기에는 백수 같기도 하고 무능하게 보이기도 하고 사회에서 별 쓸모가 없는 사람처럼 느껴졌다. 물론 나만의 자격지심이겠지만 내가 그렇게 느꼈다면 다른 사람이 아니라고 해도 스스로 위축되고 자존감이 없어지고 있다는 의미이다. 나의 모습, 나의 가치, 나의 존재를 표현할 수 있는 나만의 브랜드가 필요했다.

　많은 사람들이 자신을 브랜드화 해야 한다고 하지만 쉽지 않다. 퍼스널 브랜드를 만들기 위해서는 나만이 가지고 있는 고유함이

• chapter 1. 라떼가 퇴직을 했다 •

있어야 하고, 그 분야에 대한 지식과 경험을 통한 전문성이 있어야 하고, 일만 시간의 법칙과 같은 꾸준함이 있어야 한다. 5년 동안 잠시도 글을 손에서 놓지 않았다. 언제 어디에 있던 어떤 상황에서도 노트북을 가지고 다니며 보고 느끼고 배우고 생각한 내용을 그때그때 기록해서 브런치에 게재했다. 첫 책을 출간하면서 글을 써서 브런치에 올리다 보면 책이 되어 출간이 된다는 사실을 경험했다. 아무리 바쁘고 힘든 일이 있어도 꾸준히 브런치에 글을 올리는 이유다.

  나를 말할 때 수식어가 하나 생겼다. 브런치 작가, 퇴직을 하고 얻은 '퍼스널 브랜드'이다. 브런치를 만나 글을 쓰게 되었고, 브런치를 통해 작가가 되었으며, 브런치가 나의 이미지를 만들어 주고 있다. 브런치 작가에 도전할 때만 해도 전국에 2만여 명의 작가가 활동을 하였는데, 현재는 5만 명이 넘는다고 하니 브런치의 확장성이 대단하다. 처음 작가라는 호칭은 무척 어색하고 낯설어서 남의 옷을 입고 있는 것 같았다. 시간이 흐르면서 작가라는 표현은 내가 가장 좋아하기도 하고, 불려지길 원하기도 하며, 나에게 잘 어울리는 이미지로 형성되었으면 하는 바람도 있다.

이제 첫발을 뗐다. 퍼스널 브랜드를 만든다는 것은 어려운 일이지만 더 나은 모습으로 계속해서 브랜딩하는 것은 더욱 힘들고 많은 노력이 필요하다. 브런치 작가는 많다. 이를 어떻게 나만의 브랜드로 만들고 브랜딩 할지는 온전히 나의 몫이다.

chapter 2

퇴직 후에 다양한 사람들을 만나고 있다.
직장이라는 울타리를 벗어나면서 더 넓은 세상에서
보다 많은 새로운 사람들을 만나려고 노력하고 있다.
연령대도 10대에서 60대까지 넓어졌고,
직업군도 학생, 주부, 직장인, 퇴직자 등으로 매우 다양하다.

이제는 채워야 할 때

사회생활 2년 차에 접어들면서 뭔가 부족하고 허전한 느낌이 들기 시작했다. 한 해를 마무리하고 새로운 한 해를 맞이하는데 전혀 신이 나지 않는다. 새해 들어 생기도 없고 기운 없이 지내는 모습이 안되겠다 싶었는지 아내가 한 마디 한다.

"왜 그래요? 요즘 말수도 줄고 의기소침한데 뭔 일이 있어요?"

"나도 잘 모르겠어. 뭔가 아쉽고 부족한데 뭘 해야 할지도 모르겠고, 뭐가 문제인지도 모르겠어."

아내가 차 한 잔을 준비해서 식탁에 마주 앉았다. 퇴직하고 바로 새로운 사회생활을 하다 보니 지치기도 하고 가지고 있던 것을 모두 소진해서 탈진 상태가 된 것 같다고 했더니 올해는 여유를 갖고 쉬면서 충전을 하는 해가 되었으면 좋겠다는 처방을 해 주었다.

31년 직장생활을 마치고 제2의 인생을 시작하면서 새로운 일을 시작했다. 행운이기도 했지만 적응하는데 쉽지 않았다. 규칙적이고 조직화된 생활에서 벗어나 자유로운 생활을 하면서 다양한 분야에서 여러 가지 활동을 했다. 그동안 해보지 못한 것에 대한 한이라도 풀리는 듯 닥치는 대로 도전하고 참여했더니 1년이 순식간에 흘러갔다. 시간이 지나면서 많이 부족하다는 느낌과 사전 준비가 부족했다는 생각이 들었다. 평생 가지고 있던 것을 output만 했지 input이 없다 보니 모든 게 바닥을 드러내기 시작한 것이다. 우리는 지치고 힘들 때 보링이 필요하다는 말을 한다. 나 역시 보링이 필요한 때가 온 것이다.

나에게 필요한 것이 무엇인지 생각해 본다. 가장 시급하고 중요한 것은 건강이다. 나이 60이 되어가면서 건강만큼 리스크가 큰 것도 없는 것 같다. 직장생활을 할 때만 해도 규칙적인 생활을 하다 보니 운동 시간도 정해서 꾸준히 하고 주말이면 친구들과 산에도 다니고 천변도 거닐면서 관리를 했다. 퇴직을 하고 하는 일이 새롭기도 하고 불규칙해서 시간 관리도 어렵고 업무에 적응하는데 많은 어려움이 있었다. 그러다 보니 제대로 시간을 확보하지 못해 거의 운동을 하지 못하고 일 년이 흘러갔다. 몸 여기저기에서 신호를 보내는 것을 알면서도 어찌하지 못하고 그냥 시간만 보냈다.

산과 들이 있는 전원주택에 살면서도 1년 동안 뒷산도 가지 못했으니 너무 했다는 생각이 든다. 시골이지만 동네에 있는 아파트에 헬스장이 있어 동네 주민은 이용이 가능하다. 새해 첫날 일 년 회비를 내고 등록하면 저렴한 비용으로 일 년 내내 이용할 수 있다. 빠지지 않으려고 노력을 하고 있지만 가지 못할 때가 많다. 등산이나 수영, 자전거 타기처럼 활동적인 운동은 아니어도 매일 헬스장에 출근부를 찍는 노력을 해야겠다.

아내가 딱 집어 조언해 준 게 있다. 공부를 하면 좋겠다고 했다. 세상은 하루가 다르게 변하고 새로운 지식이 쏟아지는데 그동안 알고 있는 지식만 사용했지 새로운 지식을 습득하는데 소홀한 것 같다고 했다. 아차, 했다. 너무 정곡을 찌르는 말에 아무 말도 하지 못하고 고맙다고 했다. 여유 시간을 보내던 장소를 카페에서 도서관으로 변경했다. 별도의 사무실이 없다 보니 여유 시간을 보낼 만한 곳이 마땅치 않아 카페를 정하여 매일 시간을 보냈었다. 카페의 장점도 많으나 공부를 할 수 있는 환경이 잘 갖추어져 있는 도서관도 병행해서 이용하기 시작했다.

 도서관에 들어서면 엄마의 손을 잡고 온 유치원생부터 퇴직 후 조용히 자신의 시간을 보내고 있는 어르신까지 다양한 세대가 같은 공간에 함께 어울려 있어 자연스럽게 스며들 수 있다. 최근 모든 도서관이 리모델링되어 옛날 도서관의 모습은 전혀 찾아볼 수 없다. 사면이 다양한 책으로 잘 진열되어 있고, 책상과 의자가 안락하고 편안하게 배열되어 있으며, 곳곳에 조명과 콘센트가 설치되어 스마트한 카페에 온 것 같은 착각이 들 정도이다. 부족한 지식을 채우기에 딱 좋은 장소이다.

 올 한 해는 독서의 매력에 빠져보고 싶다. 독서모임 '리더스클럽'에서 매주 선정한 한 권의 책을 읽으려고 노력 중이다. 게으른 탓에 주말 모임에는 참여하지 못해도 선정도서라도 챙겨서 읽고 있다. 도서 대여 시스템을 통해 책이 비치된 도서관을 찾아 이곳저곳 도서관을 탐방하는 재미도 쏠쏠하다. 전문 서적도 공부 해보고 싶다. 무얼 하든 기초 지식이 충분하지 않으면 금방 바닥이 드러나 앞으로 나아가기가 쉽지 않다는 것을 잘 안다. 평생을 근무하며 학습했던 분야가 아닌 새로운 길을 선택하려면 공부를 해야 하는 건 너무 당연하다.

글쓰기도 재충전이 필요하다. 시간이 많음에도 1년 동안 글을 거의 쓰지 못하고 있다. 여러 이유가 있겠지만 동호회 활동도 하지 않고 혼자 쓰다 보니 동력이 떨어진 것이다. 빨리 가려면 혼자 가고 멀리 가려면 같이 가라는 말을 굳이 인용하지 않아도 뭔가 지속적으로 하려면 같이 해야 한다는 사실을 새삼 깨닫게 된다. 문예반에 다시 등록하여 문우들과 문학여행도 떠나고, 작품도 공유하며 새로운 동기부여를 받아야겠다. 글을 쓰고 싶은 분들을 만나 나의 경험을 나눠주고 그분들의 이야기도 들어야겠다. 고갈된 글심을 글감으로 가득 채우고 싶다.

업무가 불규칙하다 보니 점심 식사 해결이 난감할 때가 많다. 제주에 있을 때부터 훈련이 되어 퇴직 후에 혼밥을 하는 게 크게 부담은 없으나 아쉬움은 많았다. 혼밥이 더 익숙해지기 전에 점심만큼은 그러지 않기로 했다. 회사에 다닐 때 많은 좋은 분들을 만나고 알게 되었다. 그때는 젊고 바쁘다 보니 능동적인 식사보다는 소극적인 식사를 같이 했었다. 먼저 연락해 주고 먼저 찾아주면 시간을 같이 하곤 했다. 이제는 시간 여유가 있는 내가 적극적인 식사 자리를 만들어야겠다.

먼저 전화를 하다 보면 그 사람도 내 맘처럼 보고 싶고 만나고 싶어 했다는 사실을 알게 된다. 따뜻한 밥 한 그릇을 두고 이런저런 이야기를 나누다 보면 회사 다닐 때와는 다른 진솔한 일상의 이야기를 나누게 된다. 퇴직 후에 만남은 서로의 진짜 모습을 알게 되는 계기가 되는 것 같다. 허전한 마음을 가슴 따뜻한 사람들로 가득 채워야겠다.

텅 빈 가슴으로는 다른 사람을 안을 수 없다. 내가 가득해야 나눠줄 수 있고, 이해할 수 있고, 배려할 수 있다. 이제는 쏟아낼 때가 아닌 채워야 할 때이다.

60살

할까 말까 고민이다. 조용하던 동창 밴드가 반별 환갑 모임을 하고 올린 사진과 영상들로 모처럼 활기차다. 주위 친구들도 환갑 행사를 했다는 소식이 심심치 않게 들리고 있다. 또래 친구들끼리 식사 자리를 만들거나 여행을 가기도 하고, 가족들이 조촐한 잔칫상을 마련해 주기도 하고, 아내와 같이 외국 여행을 가기도 하면서 각자의 방식으로 이순의 의미를 부여하고 있다.

부모님의 교육열 덕분에 나에겐 1년이 남아 있다. 아직 젊은데 무슨 환갑잔치를 하냐며 손사래를 치고는 있지만 여느 때와 달리

60이 주는 무게는 남다르게 다가오고 있다. 예전 같으면 손자 손녀를 두고 편한 할아버지가 되었을 나이지만 아직 갈 길이 멀다. 나 아니면 안된다는 생각을 버리고 싶기도 하지만 여전히 나의 손길이 필요한 곳이 많다. 나름 최선을 다했고 열심히 살아왔음에 대견하기도 하고 스스로에게 수고했다는 말을 해주고 싶기도 하다.

내년이면 환갑이다. 지금이야 무심한 척하지만 그냥 지나가면 서운할지도 모르겠다. 뭔가 하기는 해야 할 것 같은 생각이 들기도 하지만 그렇다고 내가 나서기도 이상하다. 하기도 그렇고 안 하기도 그렇고 난감하다. 생물학적으로나 생체적으로는 60이 되어가는 걸 실감하고 있다. 손목도 시리고 오래 걸으면 발목도 좋지 않다. 조금이라도 과하게 운동을 하면 금방 피곤이 몰려온다. 전엔 잠이 없어 힘들었는데 요즘은 머리만 대면 잠이 든다. 아침에도 눈은 일찍 뜨지만 바로 일어나지 못하고 꼼지락거리며 늑장을 피우곤 한다. 오후가 되면 피로감에 달달한 것을 찾게 되고, 길가에 그늘이라도 있으면 잠시 정차를 하고 눈을 붙이기도 한다. 거울 앞에 선 모습이 가끔은 낯설기도 하고, 늘어나는 주름을 막겠다고 이것저것 바르는 나를 보며 어리석다는 생각도 한다.

몇 달 전엔 머리만 감으면 한 움큼씩 빠지는 머리카락에 한바탕 소동을 피운 적이 있다. 머리가 빠지자 머리 감는 것마저 불안했다. 고민 고민하다 피부과를 찾았다. 의사 선생님은 나이가 들면 자연스런 현상이라며 바르는 약을 처방해 주었다. 빠질 나이가 되어 빠지는 것이니 받아들이라는 말로 들렸다. 한 달 동안 지극 정성으로 발랐으나 전혀 효과가 없었다. 하루하루 머리카락이 없어지면서 머릿속이 훤히 보이는 것처럼 느껴졌다. 다시 의사 선생님을 찾아가 간곡히 부탁했다. 결국 먹는 약을 처방해 주면서 부작용이 있을 수 있으니 먼저 검사를 진행하고 먹으라고 했다. 젊음을 지키기 위해 그 정도는 감수할 생각으로 검사를 했는데 다행히 약을 먹어도 된다고 했다. 약을 먹어야 하는지 나이 탓으로 치부하고 빠지도록 두어야 하는지 생각이 깊어졌다. 하루 이틀 약 먹기를 미루고 있던 차에 머리카락이 점점 적게 빠지기 시작했다. 후에 생각해 보니 코로나 후유증으로 일시적인 현상이었던 것 같다. 물론 요즘도 머리를 감으면 머리카락이 빠지고 있지만 겁먹을 정도는 아니어서 다행이다.

한차례 소용돌이가 지나가고 나이에 대해 생각하게 되었다. 아직 40대인데 왜 몸은 60이 되어 가는지 받아들일 준비가 전혀 되어 있지 않다. 나이는 다른 사람에게만 해당하는 것이고 나와는 전혀 상관이 없는 일로 무시하고 살았다. 대학에서 정년퇴직을 하신 두 분의 대화를 들을 기회가 있었다. 한 분이 엊그제 길을 걷다가 헛디뎌서 넘어졌는데 아픈 것보다 다른 사람이 볼까 봐 더 걱정이었다고 했다. 그러면서 요즘은 가끔 사물과 부딪치기도 하고 갑자기 발이 풀려서 넘어질 뻔하기도 한다면서 서글프다고 했다. 곁에 있던 다른 교수님도 종종 그런다면서 나이 들어 어쩔 수 없는 거 아니냐며 이제 현실을 받아들여야 할 것 같다고 했다. 두 분의 말씀에 나도 모르게 고개가 끄덕여졌다.

아직 무채색보다는 밝은색 옷을 선호하고, 정장보다는 캐주얼을 입고, 편한 옷보다는 스마트한 차림을 고집한다. 집을 나서기 전에 거울 앞을 서성이는 나를 발견하기도 한다. 동창회에 가면 내가 제일 젊어 보인다고 최면을 걸곤 한다. 어린 후배들을 만나도 또래처럼 친근하게 생각된다. 백팩을 메고, 자가용보다는 대중교통을 선호하고, 술집보다는 카페를 좋아한다. 노트북으로 기획서를 작성하고 챗GPT와 대화를 나누고 통기타를 치며 노래를 부른다. 아직 젊다고 발버둥 치며 애쓰는 모습이 애처로워 보인다. 이런 착각도 50의 끝자리까지만 가능할 것이다. 철없던 시절이 다 지나가고 있다.

나에게 60은 어떤 의미일까? 긴 항해를 마치고 항구에 들러 잠시 숨을 돌리며 다시 새로운 여행을 준비하는 시간이 아닐까? 첫 항해는 나름 잘 마친 것 같다. 튼튼한 선박을 준비하여 정해진 항로로 제법 순탄한 항해를 할 수 있었다. 이번 여행은 선박도 낡았고 항로도 미정이다. 미지의 세계로 떠나는 나홀로 도전이 될 것이다. 선박이 고장 나면 수리도 해야 하고, 새로 만나게 될 세상에 대한 사전 학습도 필요하고, 항로도 직접 설계하며 천천히 앞으로 나아가야 한다. 잘할 수 있을까 걱정도 되지만 60년을 살아온 지혜로 잘하리라 믿는다. 60이 되어도 여전히 멋질 나를 응원한다.

반성문

　아내에게 잘못했다. 아직 잘못했다는 말을 하지 못했다. 아내는 나보다 먼저 퇴직을 했다. 나는 퇴직한 아내의 마음을 전혀 몰랐다. 그런 아내에게 이제라도 반성문을 쓴다. 아내는 엄청 힘든 퇴직 결정을 했다. 그런데 나는 그런 아내를 전혀 이해하지 못했다. 아니 애써 외면하며 이해하지 않으려고 했다는 말이 더 정확할 것이다. 나도 퇴직을 했다. 퇴직 후에 밀려오는 공허함과 자괴감, 우울증, 무력감 등으로 무척 힘든 시간을 보냈었다. 아내는 따뜻한 말로 공감해 주며 퇴직한 내가 잘 연착륙할 수 있도록 도와

주고 있다. 미안한 마음에 아내의 얼굴을 제대로 쳐다보지 못하며 지내고 있다.

10년 전, 50이 될 무렵 퇴직을 고민하였다. 그냥 한번 해 보는 생각이 아닌 신중하게 고민하며 퇴직 후의 모습을 그리기 시작했다. 고민의 발단은 이랬다. 60 정년이 되어 퇴직을 하여도 10년 넘는 세월 동안 경제생활을 하며 지내야 하는데 할 줄 아는 게 아무것도 없었다. 아무런 준비 없이 맞이하는 정년은 두렵고 불안하게 다가왔다. 그래서 한 살이라도 젊을 때 퇴직을 하고 새로운 인생 2막에 대한 준비를 시작하면 조금 더 수월하지 않을까 하는 마음이 들었다.

퇴직을 하여도 법무사라는 자격증이 주어지므로 내심 든든하기는 했다. 선배들 대부분이 퇴직 후에 법무사를 개업하여 지내고 있으니 나 또한 그리 가는 것이 극히 당연하고 안전한 선택이라는 사실도 잘 안다. 나는 그 길을 가고 싶지 않았다. 평생 법을 가지고 살았으니 인생 후반부만큼은 법의 테두리에서 벗어나서 살고 싶었다. 그러나 현실은 그리 녹녹하지 않다. 특히 문과생의 경우 말로 평생을 살아온터라 기술이나 특기가 전무하다. 기술이나 자격증도 없는 힘 빠지고 노쇠한 60 넘은 퇴직자를 받아줄 곳이 없다는 것은 너무나도 당연하다.

　이런저런 고민 끝에 조기 퇴직을 결심하게 된 것이다. 마음을 굳히고 아내에게 퇴직하겠다고 했다. 아내는 한동안 아무런 말도 하지 않았다. 한참 후 아내는 왜 퇴직을 하려고 하는지 물었다. 미리 준비한 답변을 최대한 조리 있게 말했다. 아내의 떨리는 눈빛이 철없는 아이를 보는 듯했다. 아내는 나의 결심이 매우 완강해서 쉽게 바꾸지 않을 거라는 것을 간파한 것 같았다. 며칠 동안 생각을 해보면 좋겠다며 내달리는 나의 마음을 잠시 멈추게 하였다.

　며칠이 지나고 아내와 마주하게 되었다. 아내는 자신이 퇴직을 하겠다고 했다. 우리 가정의 불안한 미래를 준비하기 위한 퇴직이라면 누가 해도 괜찮지 않느냐고 했다. 아직 아이들이 어리니까 위험이 조금이라도 적은 선택을 하자면서 나보다는 자신이 하는 것이 좋을 것 같다고 했다. 자기가 먼저 나가서 사회에 자리를 잡으면 그때 퇴직을 하라는 것이었다. 뭔가 이상하면서도 일단 설득력이 있고 아내에게도 좋은 기회가 될 것 같은 생각이 들었다. 평생 직장생활을 하지 않고 가정 일만 하며 지내는 여성들도 많은데 아

• chapter 2. 사람이 설렘이다 •

내라고 평생 자신의 시간도 없이 직장에 매어 살라는 법은 없다는 생각이 들었다. 이제까지 고생을 많이 했으니 이제라도 여유롭고 편안한 시간을 주고 싶은 마음도 있었다. 하루 한두 시간 정도만 일을 하며 즐기는 아내의 모습을 상상하게 되었다.

  1년 정도 준비를 하고 아내는 퇴직을 했다. 평생 공직에만 있다가 사회에 나아가는 길이라 조금이나마 안정적이고 쉬운 일을 선택하려 했다. 고민 끝에 프랜차이즈 창업을 하게 되었다. 지역에서는 꽤 알려져 있고 환경에 따른 기복도 적다고 판단하여 콩나물국밥 프랜차이즈인 '현대옥'을 인수하여 시작했다. 그때부터 폐업을 한 3년 6개월 동안 아내는 정말 힘든 시간을 보냈다. 장사는 아무나 하는 것이 아니라는 말을 실감하였다.

  휴일도 없고, 하루 24시간 온통 신경을 써야 하고, 직원 관리도 너무 힘들고, 수입이 적어지면서 아내가 직접 일을 해야 하는 시간이 늘어나기 시작했다. 아내는 식당에서 빠져나오지 못하고 무척 힘들어했다. 아내의 건강은 정신적으로나 육체적으로 최악의 상태가 되었다. 이런 아내의 모습을 보며 마음으로는 아파하면서도 전혀 도와주거나 힘이 되어 주지 못했다. 오히려 잘하지 못함을 질

타하거나 외면하기까지 했다. 평생을 공직에서만 생활하다가 홀로 사회의 매정한 현실과 부딪히며 얼마나 괴롭고 아파했을까 생각해 보면 지금도 죄인의 심정이다. 아내가 대신 걸었던 길을 내가 걸었다면 나는 아마 견디지 못하고 무슨 사달이라도 났을 것이다.

아내는 이런 일을 미리 예상하고 자신이 하겠다고 나선 것인지도 모른다. 불안하고 험한 길이기에 유약한 남편보다는 자신이 먼저 첫발을 내딛는 것이 낫다고 생각했을 수도 있다. 매사 성실하고 일희일비하지 않는 아내도 시간이 지나면서 많이 지치고 표정이 어두워지지 시작했다. 가게를 접자는 권유에도 손해 본 것이 많다며 끝까지 해보겠다고 했다. 결국 결단을 내려 가게를 양도하고 사업을 접었다. 처음에는 매우 아쉬워했으나 시간이 흐르면서 아내는 옛날의 환하고 밝은 모습을 되찾았다. 그간의 굴레가 얼마나 무겁고 힘겨웠는지 알 수 있었다. 아내는 원망이나 불평도 없이 그 세월을 견디어 온 것이다.

퇴직을 하고 많이 힘들었다. 정년퇴직을 했음에도 회사에 대한 미련이 남고, 사회의 냉혹한 현실과 부딪혀 여기저기 상처도 입으며 적응하는데 어려웠다. 말수도 적어지고, 매사 자신감이 떨어져 의기소침해지기 시작했다. 새로 맡은 일이 험한 일이다 보니 욕도 먹고 폭행의 위협도 당하였다. 아내가 나섰다. 함께 동행해 주고, 힘든 일이 생기면 대신 처리해 주고, 갑작스러운 상황에 앞서 대응해 주었다. 사회에 대해 하나하나 가르쳐 주고 용기도 주고 잘하고 있다는 따뜻한 말로 응원해 주었다. 그런 아내를 볼 때마다 미안한 마음이 들었다. 나는 왜 그때 아내에게 이런 행동과 말을 해주지 못했을까? 못난 남편을 탓하고 불평불만이라도 했으면 이렇게까지 미안하지 않아도 될 텐데 하는 마음마저 들었다.

  반성문이 너무 늦었다. 사회생활을 시작하면서 매일 반성하는 마음을 가지고는 있었다. 이제라도 이렇게 표현을 하게 되어 다행이다. 세월이 흘러도 아내의 아픔이 완전히 치유되지 않겠지만 새살이 돋기를 바라는 마음이다.

내 일이 되면

사람은 누구나 죽는다. 너무도 당연한 진리이고 역사상 단 한 사람의 예외도 없었다. 태고 이래 수많은 권력자나 부호, 현자들이 영원 불사의 방법을 찾기 위한 연구와 노력을 하였으나 아직 그 방법을 찾지 못했다. 인간은 태어날 때부터 죽을 때까지 많은 면이 불공평하지만 죽는다는 사실만은 모두에게 동등하다. 죽는 시점도 인간의 능력으로는 어찌할 수 없으니 죽음 앞에 인간은 겸손하고 한없이 작아진다.

세계는 코로나와 전쟁 중이다. 코로나를 이겨낼 수 있는 유일한 방법은 백신 접종뿐이라고 한다. 우리나라에서도 백신 접종이 한창이다. 대중 매체에서는 연일 접종 건수와 사고 건수, 사망 건수가 실시간 방송되고 있다. 백신에 대한 두려움으로 접종 속도가 저조하다느니, 어느 백신이 접종 후 이상 반응이 많다느니, 접종 후 이상 반응으로 치료를 받는 사람이 있다느니, 접종 후 사망자가 발생하였다느니 하는 백신 접종 관련 정보가 매스컴을 통해 하루 종일 쏟아져 나오고 있다. 이렇듯 세상이 아무리 시끄러워도 아직 접종 대상이 아니었던 나에게는 관심 밖의 기사거리에 불과했었다. 그러다 예기치 않게 일찍 접종을 하게 되었다.

나의 접종 일자를 연락받는 순간 모든 게 바뀌었다. 여태껏 궁금하지 않던 접종 후 이상 반응 현상이 가장 중요한 관심거리가 되었다. 자료도 찾아보고 접종 후 대응법에 대해서도 알아보기 시작했다. 극히 예외적이어서 전혀 걱정하지 않아도 된다고 큰소리쳤던 접종 후 이상 반응 확률과 사망률도 막상 나의 일이 되니 확률이 극히 낮다는 사실은 별 의미가 없었다. 아무리 적은 확률도, 아니 단 한 명이어도 그게 바로 내가 될 수 있다는 막연한 공포심과 불안함이 엄습하기 시작했다. 독감 예방 접종 후 사망률보다도, 교통사고 사망률보다도 훨씬 낮다는 말들도 감언이설로만 들릴 뿐 전혀 도움이 되지 않았다. 내가 이 정도 밖에 안 된 사람이었나 자책을 하며 애써 의연해보려고 하여도 걱정스러운 마음을 쉬 떨칠 수 없었다.

어머니는 연세가 많아서 접종 신청을 하라는 연락이 가장 먼저 왔었다. 백신은 연세 많은 분들이 꼭 맞아야 한다며 어머니의 의사는 듣지 않고 대신 신청을 했다. 시간이 지나면서 어머니는 걱정을 많이 하시는 듯했다. 주위에서 백신을 맞고 아파서 고생을 많이 하였다는 말을 들으면서 고민이 더 깊어지는 듯했다. 많은 사람들이 맞고 있고, 이상 반응 확률도 극히 일부이고, 맞는 것이 더 안전하다고 하는데 너무 걱정을 많이 하시는 것은 아닌지 하는 마음마저 들었다. 그래도 결코 강요를 하여서는 안되겠다는 생각에 어머니의 의중을 여쭤봤다. 어머니는 맞고 싶지 않다고 하였다. 가족들의 생각도 어머니의 의사를 존중해 드리는 게 좋다고 하여 결국 포기를 했었다.

시간이 흐르면서 접종률도 높아지고 친척 분들도 접종을 하였다는 소식이 들리면서 어머니의 마음이 움직이기 시작했다. 가족들도 연세 많으신 분들에게는 코로나가 더 위험하고 백신을 언젠가는 맞아야 한다는 인식이 생기면서 어머니도 접종을 하는 게 좋겠다는 쪽으로 생각이 바뀌기 시작했다. 어머니가 고민 끝에 접종 신청을 했다. 아내가 어머니를 모시고 가서 접종을 하고 3일간은 어머니 집에서 생활하며 보살펴 드리기로 계획을 세웠다. 어머니도 며느리가 같이 있겠다고 하니 접종에 대한 거부감이 줄어들며 마음도 편안해지는 듯했다.

그 무렵 접종을 포기하는 사람들이 생기면서 대상자가 아니어도 미리 신청을 하면 접종을 할 수 있다는 소식이 들려왔다. 어차피 맞아야 하니 아내에게 일찍 맞는 게 어떻겠냐고 물어보니 기회가 되면 일찍 맞고 싶다면서 바로 신청을 하였다. 나도 같이 맞기 위해 막상 신청을 하려고 하니 그 많던 호기는 어디로 가고 주저하는 마음이 들기 시작했다. 거리도 멀고 근무에도 지장이 될 것 같다는 등등의 말도 안 되는 합리적인 이유를 찾으며 신청을 미뤘다. 하루하루가 지나며 마음이 불편해지고 자신이 한없이 초라하고 좀스러웠다. 내 일이 아닐 때는 과학과 확률과 의무라는 그럴싸한 언어들을 동원하여 상대방의 감정은 생각하지 않고 상대의 마음을 함부로 강요하려 했던 행동들이 부끄러워졌다.

  고심 끝에 내가 먼저 접종을 해야 어머니나 아내가 편안하게 접종을 할 수 있다는 거창한 사명감까지 동원하며 못난 남자가 먼저 접종을 했다. 접종 후에도 매스컴에서 쏟아져 나오는 이상 증상에 대한 겁박 소식으로 불안함은 여전했다. 하루 이틀 정도의 짧은 시간 동안 많은 상상과 가정들이 생겼다가 사라지기를 반복했다. 며칠 동안이었지만 모든 사람들이 누리고 있는 일상에서 나만 홀로 벗어나 있는 것 같아 우울하기까지 했다. 근육통과 몸살 기운이 생겨 준비해 둔 약을 두 차례 복용한 것 외에 특별한 이상 없이 일상을 찾아가고 있다. 시간이 흐르며 두려움의 강도와 불안함은 조금씩 적어지고 있지만 아직도 완전히 벗어나진 못하고 있다. 뒤이어 어머니도 조금은 편안한 마음으로 접종을 하셨다. 아마 어머니의 마음도 이해하지 못하고 정답만을 강요하였던 나에게 많이 서운하셨을 것이다. 내 일이 되면 모든 게 달라진다.

혼자가 아닌 함께

"잔을 가득 채워서 축배를 높이 드세. 여기 다시 모인 친구 정다운 나의 친구여~~~." 마지막 곡이 끝났다. '축배의 노래'가 끝나자 관중석에선 환호소리가 들려오고 여기저기 핸드폰 플래시 불빛이 터지고 우렁찬 박수소리가 공연장을 가득 메웠다. 단원들도 벅찬 마음에 손도 흔들고 서로 격려의 박수를 치며 공연이 끝난 후의 여운을 즐겼다. 지휘자의 신호에 따라 인사를 하고 단상을 내려와 무대 뒤로 퇴장을 하며 걸어 나왔다. 작년 이맘때 합창을 해보겠다고 합창단을 찾았던 때가 생각났다.

오래전부터 합창을 해보고 싶다는 막연한 생각이 있었다. 4년 전쯤 내가 다니던 성당에서 성가대에 참여하여 활동을 하려고 하였다. 막 성가대를 찾아가려는 결심을 하려던 차에 코로나가 시작되었고, 얼마 지나지 않아 제주도로 발령이 나서 전근을 하게 되었다. 합창을 해보겠다는 시도는 기약 없이 멀어졌다. 제주에서 다시 고향으로 돌아오고, 코로나가 끝났음에도 성가대에 참여하려던 결심은 선뜻 실행되지 못하고 이런저런 이유를 핑계로 망설이며 세월만 흘러갔다. 주저함의 가장 큰 이유는 한번 성가대에 들어가면 일주일에 두 번 정도는 연습에 참여해야 할 것 같은데 제대로 할지 영 자신이 없었다. 그렇게 시간만 보내던 차에 잘 아는 동생이 합창을 해보면 어떻겠냐고 권유를 했다. 동생은 카네기 합창단 단장을 맡으면서 매우 열정적으로 합창단을 이끌고 있었다.

카네기 합창단은 2018년 2월에 창단되어 카네기 회원으로 구성된 혼성 합창단이다. 2019년 10월 창단 연주회도 개최하였고 많은 회원들이 활동하고 있다는 사실은 이미 알고 있었으나, 성가대에 참여하려던 생각을 하고 있었으므로 카네기 합창단에 대해서는 아예 생각을 하지 않았었다. 성가대 활동을 주저하는 동안 친한 동생의 권유를 받다 보니 이번 기회에 한 번 해볼까 하는 설렘이 생겼다. 합창단에는 아는 분들도 꽤 있었고, 이번이 아니면 합창을 영영 못할지도 모른다는 조급함이 생겨 즉시 가입을 하였다. 꼭 해보고 싶었던 합창단원이 된 것이다.

매주 한 번 두 시간의 연습에 참여했다. 원래 범생이라 한 번 시작하면 잘 빠지지 않고 제법 열심히 하려고 노력하는 편이다. 한 번도 해보지 않은 성악이라 처음에는 두려움도 있었으나 지휘자님이나 동료들이 잘 도와줘서 조금씩 적응해 갔다. 노래 부르기를 좋아해서 가끔 무대에도 서곤 했지만 굳이 합창을 하고 싶은 특별한 이유가 있었다. 혼자가 아닌 여러 명이 성부별로 소리를 내어 화음을 이루며 멋진 곡을 만들어가는 것이 너무도 매력적이었다. 각 성부의 소리가 정확히 맞아 완벽한 화음을 이루면 부르는 사람이나 듣는 사람으로 하여금 짜릿한 전율을 느끼게 하는 천상의 소리를 느껴보고 싶었다.

현실은 멀고 험했다. 완벽한 화음은 결코 쉽지 않았다. 단원들 대부분이 직장생활과 가정생활을 병행하며 바쁘게 지내다 보니 매주 연습에 참여하는 것이 쉽지 않다. 구성원 또한 음악을 전공한 회원이 거의 없다 보니 누군가 나서서 조언을 해주거나 서로 독려를 하며 이끌어 갈 상황도 아니었다. 그럼에도 한 곡 한 곡 꾸준히 연습도 하고 발성 연습과 악보 보는 법을 배우면서 조금씩 재미가 붙기 시작했다.

  입단 후 5개월이 되어갈 무렵에 '향상 음악회'가 열렸다. 개개인의 역량을 높이기 위해 개인이 곡을 선정하여 무대에서 발표를 하는 것이다. 이런 과정을 통해 개인 별로 연습도 많이 하게 되고 무대 공포증도 극복하고 무대 매너도 배우면서 무대에 적응하는 훈련을 하는 것이라고 했다. 생애 첫 발표곡으로 어떤 곡을 부를까 고민이 되었다. "어디에서 불어오는 희미한 바람일까…"로 시작하는 윤학준 곡의 '잔향'을 선택했다. 사랑하는 사람이 떠난 뒤의 여운과 그리워하는 마음을 서정적인 가사와 음률로 표현한 무척 아름다운 곡이다. 지인의 도움을 받으며 한 달 동안 열심히 연습했다. 발표 당일 처음으로 연주복을 차려 입고 무대에 섰다. 콩닥거리는 마음을 다잡으며 성악에 집중하자 곡에 빠져들며 서서히 무대를 즐길 수 있게 되었다. 큰 실수 없이 공연을 마치자 관객들의 뜨거운 박수가 울려 퍼졌다. 향상 음악회를 통해 조금이나마 자신감을 얻게 되는 소중한 경험을 하게 되었다.

새해가 되면서 코로나로 못했던 정기 연주회를 다시 해보자는 말이 나오기 시작했다. 합창단에 설렘과 생기가 돌며 어차피 할 거면 잘해보자는 의기투합에 모두 한마음이 되었다. 오랜 침체기로 단원이 많이 빠져나가 신입 단원 확보가 시급했다. 합창을 하기 위해 40여 명의 단원이 필요한데 남아 있는 단원은 20여 명에 불과했다. 각 파트별로 파트장을 정하고 단원 영입을 위해 카네기 회원들을 상대로 합창의 매력을 홍보했다. 장소는 공연장 시설이 완벽한 '한국소리문화의 전당 연지홀'로 정해졌다. 곡 수는 11곡으로 정해지고 매주 2~3곡씩 집중해서 연습하기 시작했다. 파트별로 따로 연습도 하고 지휘자로부터 특별 과외 수업도 진행되었다. 공연일이 다가오면서 흩어져 있던 소리가 모아지고 다양한 소리가 한 방향으로 향해지기 시작했다. 매주 결석 숫자도 줄어들고, 단원 개개인의 성악 실력도 높아지면서 점점 합창단의 면모를 갖추게 되었다.

혼자라면 나만 잘하면 된다. 그러나 함께 한다는 것은 나만의 일이 아닌 모두의 일이므로 모두가 같이 잘해야 한다. 그러기 위해서는 나의 주장보다 다른 사람들의 이야기에 귀 기울여야 하고, 다양한 의견을 수용할 준비가 되어 있어야 하며, 나의 목소리를 너무 크게 내지 말아야 하고, 힘든 일은 내가 먼저 한다는 솔선수범의 마음가짐이 필요하다. 그래서 함께 하는 길은 쉽지 않다.

퇴직 후 사회생활을 하면서 사람들과 함께 해야 할 일이 많아지고 있다. 회사에 다닐 때도 팀을 구성하여 여러 명이 같이 업무를 처리하는 경우가 많았지만 같은 회사라는 동질성의 구성원이다 보니 함께 한다는 의미보다 한 팀이라는 의식이 강해 크게 힘들지 않았다. 사회는 완전히 달랐다. 각자 개성도 강하고 바라보는 방향도 다르고 생각도 매우 다양하다. 합창은 이런 구성원들과 어떻게 함께할 수 있는지를 배우는 과정이었다. 한목소리를 내는 게 어려울 거라 생각하였는데 같은 목표를 정하여 함께하다 보니 시간이 지나면서 여러 소리가 하나가 되었다. 앞으로도 혼자가 아닌 함께해야 할 일들이 많을 것이다. 긴 숨을 위해 함께 가는 법을 배우고 있다.

도전과 멈춤

공연을 시작하는데 싸한 느낌이 들었다. 첫 곡의 인트로 부분을 연주하는데 뭔가 크게 잘못되었다는 생각이 들었다. 불길한 예감은 언제나 틀린 적이 없다. 바로 뒤에 위치한 스피커에서 나오는 소리는 굉음처럼 웅웅거리고, 기타 소리와 건반 소리는 전혀 들리기 않았다. 첫 음을 어디에서 시작해야 할지 막막했다. 간신히 첫 소절을 시작했으나 음이나 박자에 맞춰 노래를 부르는 것이 어려웠다. 제대로 노래를 불렀는지도 모르게 혼미한 상태에서 첫 곡이 끝났다. 그 순간 그만둬야 하는지 아니면 그래도 계속해야 하는지 많은 생각이 스쳐 지나갔다.

처음 밴드 활동을 시작하면서 어떤 상황에서도 노래를 도중에 멈추거나 공연을 중간에 그만두면 절대 안된다고 배웠다. 무슨 일이 있어도 노래는 끝까지 불러야 하고 그만두고 싶어도 공연은 스스로 마무리해야 다음에 다시 무대에 설 수 있다고 들었다. 시간이 지나면 적응을 해서 차츰 좋아질 거라 다독이며 우리 팀 소개를 했다. "저희 이음밴드는 음악으로 사람과 사람을 잇는다는 의미를 가진 밴드로, 보컬 1명, 건반 1명, 통기타 1명으로 이루어진 3인조 어쿠스틱 밴드입니다. 각자 다양한 분야에서 자신들의 일을 하면서 취미활동으로 음악을 하다가 밴드를 결성하여 공연까지 하게 된 팀입니다. 오늘은 사정상 한 명이 참여를 하지 못해 두 명이 공연을 하겠습니다. 버스킹은 오늘 처음 도전하는 만큼 긴장하고 있으니 많은 응원과 박수 부탁드립니다."

두 번째 곡을 불렀다. 첫 곡을 망쳤다는 생각에 더 긴장되어 떨리면서 손이 곱아가기 시작했다. 기타를 치기 어려워졌다. 코드와 가사도 잘 생각이 나지 않았다. 곡이 끝나자 이제는 정말 그만두어야 한다는 생각이 들었다. 이런 수준의 공연을 사람들에게 강요하는 것은 죄악이라는 생각까지 들었다. 무대 앞으로 여기저기 자연스럽게 앉아 있는 많은 사람들이 보였다. 그분들의 얼굴을 하나 둘 천천히 살펴보았다. 바로 앞에 있는 얼굴을 마주하듯 표정 하나하나가 선명하게 다가왔다. 이런 걸 노래라고 하나 하는 듯한 모습도 보이고, 아예 다른 곳을 보거나 핸드폰만 보는 사람들도 보였다. 부끄러움에 막 일어서려는데 환하게 웃으며 박수를 쳐 주는 모습들도 보이기 시작했다. 괜찮다고, 그럴 수 있다고, 계속하면 좋겠다는 표정으로 따뜻한 시선을 보내주는 분들이 있었다.

엉거주춤한 상태로 잠시 고민을 하다 다시 자리에 앉았다. 바짝 긴장하여 어떻게 불렀는지도 모르는 상태로 마지막 곡까지 모두 마쳤다. 박수 치고 웃어주며 끝까지 앉아 있던 한 분 한 분의 모습들을 사진 찍듯 선명하게 가슴에 담았다. "사실 두 번째 곡이 끝나고 도망치려 했습니다. 여기 계신 분들이 아니었으면 끝까지 마칠 수 없었을 것입니다. 자리를 지켜 주셔서 정말 고맙습니다." 공연이 끝나고 인사도 하는 둥 마는 둥 도망치듯 자리를 벗어났다. 팀원에게 미안하다는 말을 남기고 집으로 왔다. 부끄러움에 아무도 만나고 싶지 않았다. 응원을 하려고 찾아왔던 친구와 후배로부터 연락이 왔다. 처음 하는 것이니 너무 상심하지 말고 다음에 잘하면

된다고도 하고, 그래도 도전한다는 것이 정말 대단하다고 하며 위로를 해 주었다. 아무런 말도 귀에 들어오지 않았다.

　50이 넘어서 처음 통기타를 잡았다. 김광석님의 '너무 아픈 사랑은 사랑이 아니었음을'을 듣고 충격을 받았었다. 기타를 배워 꼭 불러보고 싶었다. 그 후 기타를 구입하고 시간 될 때 조금씩 배우며 좋아하는 노래를 부르곤 했다. 밴드를 구성하여 좋아하는 음악을 함께하며 가끔 작은 공연을 하기도 했다. 퇴직을 하고 꼭 해보고 싶은 것이 무엇인지 적어보면서 버스킹도 그중 하나가 되었다. 코로나로 인해 해체가 되었던 '이음밴드' 멤버들에게 버스킹을 해보자고 제안했다. 멤버 중 한 명이 망설이며 쉽지 않다고 했다. 말이 버스킹이지 전문가가 아닌 일반인이 하기에는 너무 어렵다고 했다. 버스킹은 실외에서 하는 부담도 있고 음향시설도 좋지 않아서 아마추어가 무작정하다가는 창피만 당할 우려가 있다고 했다. 특히 우리처럼 나이가 있는 사람들이 하기에는 적당하지 않다고도 했다. 일단 수긍이 가는 말이었으나 꼭 해보고 싶은 욕심에 덕진공원에서 열리는 버스킹에 참가 신청을 했다. 멤버의 말에 자극이 되어 2주일 동안 하루 2-3시간 정도 노래와 연주 연습을 했다.

목이 아프고 쉬기를 반복하면서도 연습을 게을리하지 않았다. 나름 많은 노력을 하였으나 결과는 참혹했다.

공연을 마치고 일주일이 지나 멤버들을 만나 피드백을 했다. 버스킹은 무대가 없다는 사실을 간과한 것이 큰 실수였다. 사전에 음향시설의 위치나 상태를 체크하여 연주자의 위치와 멤버와의 거리를 체크하여야 했다. 바닥도 울퉁불퉁하니까 악보대가 바람에 넘어질 수 있다는 점도 대비하여야 했다. 무엇보다 가장 큰 원인은 노래와 연주가 버스킹을 할 정도의 실력이 되지 않았다는 점을 깨달았다. 남 앞에 선다는 것을 너무 쉽게 생각한 것은 아닌지, 노력이 부족했던 것은 아닌지 되새겨보며 반성의 시간을 갖고 있다. 시간이 흘렀음에도 아직 당시의 상황에서 빠져나오지 못하고 있다.

이제 어떻게 해야 하나 고민이다. 도전만이 능사는 아니다. 노력해도 안되는 것이 있다는 사실을 인정하고 받아들이는 것도 방법일 것이다. 적성에 맞지 않거나 할 수 없는 것은 매달리기 보다 빨리 포기하고 새로운 것을 찾아 다시 시작하는 것이 좋을 수도 있다. 버스킹이 도전과 멈춤의 기로에 섰다.

삶에 루틴이 생기다

하루를 마무리하는 곳이 있다. 아파트 헬스장이다. 10년 전 중인동으로 이사를 오면서 운동할 길이 막혔다. 도심에 있을 때만 해도 띄엄띄엄이지만 헬스장을 찾아 운동하곤 하였는데 변두리로 오니 헬스장이 없어 그마저도 하기 어려워졌다. 인근에 완산 체련공원이 있어 저녁 식사 후에 산책 겸 걷기는 할 수는 있었지만, 근력 운동에는 큰 도움이 되지 않았다. 헬스장을 다니기 위해 시내까지 나갈 수도 없어 동네 구석구석을 걷거나 체련공원 둘레를 걸으며 건강을 지키려 노력했다.

여느 때와 같이 식사하고 아내와 함께 동네 마실을 나왔다. 평소 원주민이 거주하는 마을길만 걸었는데, 그날은 옆에 있는 아파트로 방향을 잡았다. 이 아파트는 우리에게 중요한 의미가 있는 곳이다. 중인동은 도심에서 멀리 떨어진 곳이어서 도시가스가 설치되어 있지 않았었는데 아파트가 건축되면서 도시가스가 들어왔다. 처음 이곳에 자리를 잡으려고 할 때만 해도 동네까지는 도시가스가 들어오지 않았는데 그해 연말까지 도시가스관 공사를 한다고 하여 대지를 구입하였다. 아파트가 없었으면 도시가스도 들어오지 않았을 것이고 아마 이곳에 집을 지으려고 하지도 않았을 것이다. 한적한 시골에 아파트가 들어오면서 편의점도 생기고 가로수도 밝아지고 각종 생활시설이 들어와 많은 변화가 일어났다.

아파트 입구를 지나 초입에 들어서는데 왼편으로 유난히 환한 불빛이 비치는 단층 건물이 보였다. 건물 통창 안으로 바삐 움직이는 사람들이 보였다. 궁금하여 가까이 가보니 헬스 기구를 가지고 땀을 뻘뻘 흘리며 운동을 하고 있었다. 아파트 헬스장이었다. 언뜻 보기에도 사설 헬스장 같지는 않고 아파트 주민들이 자체적으로 운영하는 것처럼 보였다. 아니 이런 곳에서 헬스장을 만나다니 매우 놀랐다. 운동을 마치고 나오는 주민을 붙잡고 어떻게 이용하는지 물어보니 관리사무실에 가서 알아보라고 했다. 관리사무실 직원에게 물어보니 주민들이 연회비를 내고 이용하는데 동네 이웃에게도 개방하여 연회비를 내면 이용할 수 있다고 했다. 고맙다는 말을 몇 번이나 하며 즉시 등록했다. 회비도 저렴하여 거의 무료로 이용하는 것 같았다. 이웃 주민들을 위해 이런 배려를 해 준 아파트 주민들에게 감사했다.

　저녁 식사를 마치면 헬스장으로 향한다. 일반 헬스장처럼 기구가 많거나 최신 장비는 아니지만 운동하기에는 부족함이 전혀 없다. 첫날 헬스장에 들어서니 헬스장 자치운영 회장님과 총무님이 반갑게 맞아 주셨다. 회원분들도 새로 온 회원이 어색하지 않도록 인사도 해주고 말도 걸어 주었다. 이렇게 시작된 헬스장과의 인연이 10년째 이어지고 있다. 제주살이 1년 6개월이 지나 다시 헬스장을 찾았을 때도 어제 본 사람처럼 살갑게 대해 주었다. 이용 회원의 연령층은 10대부터 80대까지 매우 다양하다. 그러다 보니 운동 패턴이나 기구 사용 매너, 사고의 차이로 세대 간 불편함이나 갈등이 있을 수 있으나 전혀 느끼지 못하고 있다. 아파트 헬스장의

• chapter 2. 사람이 설렘이다 •

특징이라 생각한다. 운동 시간도 각자 자신에 맞는 시간대가 있어 같은 시간대에 가면 같은 회원들을 만나게 되어 친근함이 깊다. 바쁜 일정에 며칠이라도 빠졌다가 가면 "왜 이리 안 나왔냐?", "어디 여행이라고 갔다 왔냐?"라며 한동안 시끌벅적하다. 헬스장의 나이만큼 다정하고 가까운 가족 같은 사이가 되었다.

  운동을 썩 좋아하는 편은 아니다. 동적인 것보다는 정적인 것을 좋아한다. 운동을 해도 여럿이 하는 구기 종목이나 몸으로 하는 격투기는 좋아하지도 않고 잘하지도 못해 피하곤 한다. 굳이 운동이라고 꼽자면 탁구, 골프, 배드민턴 같은 운동을 가끔 하고, 주로 걷기와 등산을 하며 지내왔다. 운동을 싫어해도 건강하고 싶은 마음은 인지상정인 것 같다. 운동은 하기 싫어하면서도 헬스장은 다니려고 노력했었다. 시내에 거주할 때도 헬스장 등록은 꾸준히 하였다. 직장생활을 핑계로 빠지는 날이 더 많았지만 적을 두고 있다는 사실만으로도 건강이 담보된다고 믿고 싶은 마음이었던 것 같다.

  퇴직하고 헬스장을 찾는 횟수가 많아졌다. 모임이나 회식이 줄어들면서 저녁 시간이 여유로워졌기 때문이다. 식사 후에 헬스장으로 발길을 재촉하는 게 일상이 되었다. 먼저 사이클을 30분 정도 타며 헬스장에 켜져 있는 뉴스로 하루 일상을 스케치한다. 다음으로 거울을 보며 머리와 목 운동을 한다. 예전에 목 디스크 증상이 있어서 열심히 관리하고 있다. 근력운동이 필요하다고 하여 기구를 이용한 렛 풀 다운 운동, 레그 익스텐션 운동, 척추기립근 운동을 순서대로 3세트씩 한다. 정리 운동으로 러닝머신 위를 20분 정도 걷고 거꾸리 운동기구로 마무리한다. 한 시간 조금 넘게 운동하고 집에 와서 샤워하고 나면 부러울 게 없다.

  헬스장을 찾는 이유는 건강 유지도 있지만 한 가지 더 있다. 나이가 들면서 잠이 없어졌다. 아예 못 자는 편은 아니지만 숙면을 하는 경우가 적어지고 있다. 운동을 하고 잠자리에 들면 바로 잠이 들기도 하고 중간에 잘 깨지도 않아 아침이 상쾌하다. 꿀잠의 맛을 보고 나서는 잠이 얼마나 중요한지 알게 되어 헬스장에 꼭 가려고 노력하고 있다. 피곤하거나 귀찮아서 가기 싫은 날도 많다. 그럴 때면 운동을 마치고 헬스장을 나와 상쾌한 공기를 마시는 기분을 상상하며 무거운 발을 옮기기도 한다. 자전거 바퀴를 처음 돌릴 때는 힘이 많이 들지만 점점 속도가 붙으면 적은 힘으로도 손쉽게 앞으로 나아간다. 헬스장으로 향하는 발걸음이 습관이 되면서 이

• chapter 2. 사람이 설렘이다 •

제 일상의 한 조각으로 자리잡았다.

  꾸준히 하는 것을 잘하지 못하는 데 왜 헬스장만은 이리 오래 다니고 있을까? 운동만이 목적이었으면 중간에 그만두었을지도 모른다. 헬스장에는 운동기구 외에 따뜻한 사람들이 있다. 안 가면 걱정할 것 같고, 안 보면 보고 싶은 사람들이 있다. 헬스장에는 사랑과 정이 있다. 나를 지탱해 주는 삶의 루틴이 생겼다.

사람이 설렘이다

　퇴직 전에 같이 근무를 하던 직장 후배들과 예전 회사 근처에서 점심 식사를 했다. 자리를 옮겨 카페에서 차를 마시고 있는데, 한 무리의 젊은이들이 나가면서 그중 한 명이 인사를 한다. "과장님, 안녕하세요?", "아, 네…. 잘 지내시죠?". 얼떨결에 대답을 하였으나 누구인지 잘 기억이 나지 않아 한참을 멍해 있었다. 후배들과 이야기를 나누는 동안에도 인사를 한 젊은이가 머리에서 떠나지 않았다. 하루 이틀이 지나도 궁금함이 지워지지 않았다. 식사를 같이 한 후배에게 전화를 하여 그때 인사를 하며 나간 사람들이 누구인지 아느냐고 물어보니 직장 직원들이었다고 했다. 기억을 더듬어 보니 군산검찰청에서 수사과장으로 근무할 때 인사를 한 직원이 신규로 임용되어 잠시 같은 청에서 근무한 인연이 생각났다.

  퇴직을 하면 바뀌는 것이 많지만 그중 하나는 나를 찾는 사람이 현저히 줄어든다는 것이다. 직장생활을 할 때는 내가 굳이 누구를 찾지 않아도 많은 사람들이 전화도 하고 식사도 같이 하자고 연락을 한다. 퇴직을 하면서 내가 전화를 하거나 연락을 하지 않으면 사람을 만나기가 어려워진다. 처음 몇 개월은 적응이 되지 않아 서운한 마음이 들었으나 시간이 지나면서 내가 연락을 하여 미리 약속을 잡는 방향으로 변해가기 시작했다. 퇴직 2년 차가 지나면서 이마저도 여의치 않으면 혼자 식사를 해결하는 생활에 점점 익숙해지고 있다.

  며칠 전 교육청에 일을 보러 갔는데 나를 알아봐 주는 사람이 있었다. 카톡 프로필 사진으로 알게 되었다면서 책을 출간한 사실이며, 독서 동아리 '리더스클럽'에 대한 이야기를 하며 오래전부터 알고 지낸 사이처럼 반갑게 대해줬다. 바쁜 일정에 고맙다는 말도 제대로 하지 못하고 헤어진 것이 못내 아쉬워 며칠이 지나 식사를 청했다. 직장에 대한 이야기, 퇴직 후의 삶에 대한 이야기, 독서와 글쓰기에 대한 이야기를 나누며 짧지만 행복한 시간을 보냈다. 물론 퇴직한 사람에게 관심을 가져줘서 고맙다는 말도 잊지 않았다.

 퇴직을 하고 가장 유용하고 소중한 시간은 점심때이다. 사람을 만나 이야기를 나누기에는 저녁시간보다 점심시간이 제격이다. 식사도 여유 있게 하고 자리를 옮겨 차도 한잔하면서 이런저런 이야기를 나누다 보면 이게 바로 퇴직자의 특권이 아닌가 하는 생각이 들곤 한다. 직장에 다닐 때는 시간에 쫓기어 밥만 대충 때우고 다시 회사에 들어오다 보니 대화는 물론이고 눈 한번 제대로 맞추지 못할 때가 많았다. 식사를 청한 사람은 자신의 이야기도 하고 나의 이야기도 듣고 싶었을 텐데 그에 대한 배려를 하지 못해 못내 미안하고 아쉬웠다. 한 사람을 만난다는 것은 하나의 우주를 만나는 것이라고 했는데, 직장생활을 할 때는 사람과의 만남을 너무 형식적이고 쉽게 생각했던 것은 아니었나 뒤돌아 보게 된다.

 퇴직 후에 다양한 사람들을 만나고 있다. 직장생활을 할 때는 업무와 관련이 있는 사람이거나 학교 동창생을 만난게 전부였다. 직장이라는 울타리를 벗어나면서 더 넓은 세상에서 보다 많은 새로운 사람들을 만나려고 노력하고 있다. 연령대도 10대에서 60대까지 넓어졌고, 직업군도 학생, 주부, 직장인, 퇴직자 등으로 매우 다양하다.

퇴직 후 '인생 나눔 교실'에서 2년간 멘토로 활동했다. 초등학교 2학년생부터 6학년생, 대안학교 중·고등학생들을 만나 15~18주씩 멘토링을 진행했다. 매주 만남을 통해 아이들의 이야기에 귀 기울여주고 아이들의 손을 잡아주면서 힘들어하는 부분을 함께 이겨내며 조금씩 성장해가는 모습을 지켜보았다. 아이들은 누군가에게 말하고 싶어 했고 자신의 이야기를 들어주는 사람이 필요했던 것이다. 함께 하는 것 외에 특별히 해 준 것도 없는데 서서히 마음을 열고 스스로 변하려고 노력하는 모습이 대견스러웠다. 한 멘티기관에서는 아이들이 꼭 한 번 더 해달라고 하여 2년 연속 멘토링을 한 행운도 누렸다.

출간 덕분에 글쓰기 강의를 하게 되었다. 첫해는 특강 형식으로 2-4회 정도 강의를 하다 보니 서로를 이해하기도 전에 끝나는 아쉬움이 많았다. 올해는 김제시립도서관 아카데미 15주 과정과 전주시립도서관 시민독서학교 20주 과정에 강사로 참여하게 되었다. 수강 기간이 길다 보니 문우들과 소통할 수 있는 시간이 많아서 좋다. 글쓰기를 진행하다 보면 글을 쓰는 스타일도 다양하다. 처음부터 거칠 것 없이 쓰는 분이 있는가 하면, 자신의 이야기를 선뜻 드러내지 못해 주저하며 쓰지 못하는 분도 있고, 다른 사람들로부터 질타를 받을까 두려워 망설이는 분도 있다. 시간이 지나면서 조심스레 자신의 이야기를 쓰기 시작하는 문우들을 보며 강의를 하는 이유가 더 명확해지곤 한다.

올해는 대학생을 만나는 행운을 얻었다. 직장생활을 하며 힘들게 취득한 학위 덕분에 대학교 강의를 하게 되었다. 첫 만남은 어색하다 못해 썰렁할 정도였다. 수업 시간에도 물어보는 질문에 답하는 것 외에 별말이 없고 반응도 거의 없었다. 내 아들들을 생각해 보면 너무도 당연한 상황이라 이해가 되면서도 적응은 잘 되지 않았다. 한 주 한 주 시간이 지나면서 학생들이 조금씩 마음을 열고 질문도 하고 일상도 나누며 서로를 알게 되었다. 15주 한 학기가 끝나간다. 함께 한 학생들도 한 뼘 성장한 모습으로 변했음을 느끼고 있다.

퇴직을 하여 메이지 않는 몸이 되면서 주민자치 활동에 관심이 생겼다. 주민참여예산위원으로 전주시 예산의 편성과 집행에 참여하고, 주민자치위원으로 주민자치활동에도 참여하고 있다. 큰 역할도 아니고 대단한 일을 하는 것은 아니지만 시민으로서 행정이 어떻게 운영되고 어떤 방향으로 진행되고 있는지를 조금이나마 알 수 있어 보람이 있다. 자치활동을 하면서 주민들을 위해 보이지 않는 곳에게 애쓰고 있는 많은 위원들을 만나고 있다. 봉급도 대가도 없이 그저 지역민을 위해 봉사한다는 마음으로 시간을 쪼개어 활동하는 모습을 보면 기분이 좋아진다. 더디지만 조금씩 정착하고 있는 지방자치시대를 멋진 분들과 함께 할 수 있어 감사하다.

아내는 너무 많은 일을 한다면서 말리고 있다. 가끔 생각해 보면 맞는 말 같기도 하다. 퇴직 후 하고 싶은 일이 생기면 일단 도전하고 시작한다. 가다 아니면 그만두면 된다. 가보지도 않고 포기하면 영원히 미련으로 남게 되기 때문이다. 해보면 그만 둘지 계속할지 알게 되어 매듭이 지어진다. 아직도 이리저리 좌충우돌 중이다. 무엇을 할지 어떤 삶을 살아갈지 정해지진 않았지만 한 가지 확실히 알게 된 것이 있다. 세상이 발전을 하여 우주여행을 떠나고 인공지능이 모든 것을 해결해 준다고 해도 부족한 게 있다. 사람과 소통

하고 사람과 정을 나누고 사람으로부터 위로받고 싶은 마음은 그 무엇으로도 대체가 불가하다. 결국 사람이다.

  인사를 건넨 후배 수사관에게 전화를 하여 점심 약속을 잡아야겠다. 퇴직한 선배를 보고 인사를 건넬 줄 아는 그런 따뜻한 사람이 보고 싶다. 사람과의 만남을 통해 퇴직이 설레고 있다.

도시와 농촌이 공존하는 곳, 중인동 마실길을 걷다

주말이면 늦은 아침을 간단히 하고 아내와 함께 중인동 동네 마실에 나선다. 중인동 주민이 된 지 8년이 되었다. 처음 이사를 와서는 날이 밝기가 무섭게 논밭으로 내달리는 경운기와 오토바이 소리에 적응이 되지 않아 새벽잠을 설치곤 하였다. 주말이 되어 느긋한 늦잠의 달콤함을 누려볼 요량이면 생필품을 팔러 온 만물트럭의 확성기 소리에 경기를 일으킬 정도로 스트레스가 심했었다. 세월이 흐르면서 차량 소리는 자장가로 들리고, 확성기 소리는 무슨 물건을 팔러 온 사람인지 맞춰보려는 호기심이 발동할 정도로 적응이 되었다.

현관문을 나서 신발 끈을 조이고 모악산을 향해 기지개를 편다. 예전엔 중인리가 완주군이었으나 30년 전에 전주시로 편입되면서 명칭도 중인동으로 변경이 되었다. 대문을 나서 뒤안길을 따라 올라가면 옥성골든카운티 후문에 이른다. 아파트는 중인동에서 가장 높은 곳에 위치하여 한눈에 중인동 전체를 둘러볼 수 있다. 아파트가 건축되면서 상하수도나 오폐수관, 도시가스와 같은 기반 시설이 다른 외곽지역보다 먼저 설치되어 중인동에 사는 주민들의 삶이 일찍 좋아졌다고 할 수 있다. 아파트 안으로 들어서면 한 평 정도 고랑으로 나뉘어진 대규모 텃밭이 조성되어 있다. 처음 노인 복지 주택으로 허가가 되어 분양을 하면서 세대별로 텃밭도 분양하였는데, 주민들이 가꾸는 채소들은 누런개비 하나 없이 새파랗고 싱싱하여 전문가 솜씨가 부럽지 않다. 조석으로 매달려 있는 주민들을 보면 농작물은 농부의 발자국 소리를 들으며 자란다는 말이 맞는 것 같다. 세월이 흘러도 텃밭에서 수확한 야채 먹기가 쉽지 않은 우리 부부는 주민들의 텃밭이 부럽기만 하다.

아파트 옹벽을 둘러 산책길을 걷다 보면 벼농사를 위해 물을 댄 논과 과수마다 종이 봉지가 매달린 과수원을 마주하게 된다. 농촌

생활은 해만 뜨면 할 일이 끊이지 않다 보니 여기저기 논밭에서 일하는 주민들도 쉽게 만날 수 있다. 가족까지는 아니어도 만나면 안부 정도는 나눌 수 있는 사이가 되었으니 우리도 원주민의 일원이 된 것 같아 기분이 좋다. 원중인 마을은 배 과수원으로 유명하였다. 중인동의 사계절은 과수원의 변화만 보아도 쉽게 알 수 있다. 봄이 시작되면 겨우내 휴식을 취하던 과수원들이 잠에서 깨어나 배나무에 꽃을 피우기 시작한다. 중인동 전체가 하얀 눈으로 덮여 있는 것과 같은 풍경을 연출하곤 한다. 지금은 외지에서 들어온 사람들이 여기저기 개발을 하여 많이 줄어들었지만 여전히 과수원이 많이 남아 있다. 배꽃이 눈비처럼 떨어지고 나면 적과와 봉지싸기로 5월 한 달은 온 동네가 시끌시끌하다.

과수원 사이로 좁은 길을 따라 걷다 보면 중인 1길로 건너가는 굴다리가 나온다. 그곳은 외지인이 하나 둘 들어와서 정착을 하다 보니 마을 이름도 없고 주택도 각자 개성이 넘치고 예쁘다. 안쪽에 몇 채만 위치하고 있어 큰 길에서 보면 동네가 있다는 사실을 알기도 어렵다. 한 발 한 발 내딛으며 주택 한 채 한 채의 모습을 살펴보는 것도 산책의 소소한 재밋거리이다.

하봉교를 지나 조금 가다 보면 완산생활체육공원이 새겨진 돌 조형물을 만나게 된다. 체련공원은 중인동을 보금자리로 선택한 중요한 이유 중의 하나였고, 몇 해 전 산티아고 순례길을 떠나기 전에 두 달 동안 특훈을 하였던 곳이기도 하여 우리에게는 특별한 의미가 있는 장소이다. 순례길 300킬로미터를 걷기로 계획하고 항공권을 예매하고 나서 가장 먼저 한 것이 걷기 훈련이었다. 퇴근을 하고 오면 식사만 하고 곧장 체련공원으로 달려와 매일 10킬로미터 정도를 걸었다. 코로나가 오기 전만 해도 해가 지면 운동을 하기 위해 체련공원을 찾는 동호인들로 매일 불야성을 이루었다. 대낮같이 환한 체련공원에서 땀에 흠뻑 젖어 운동을 하는 사람들을 보고 있으면 나조차도 건강해지는 것 같고 기분도 상쾌하여 우리 부부가 자주 찾는 곳이다.

체련공원 내에는 어두제라는 연못이 있다. 연못 한쪽 면에는 다양한 연꽃이 견본으로 심어져 있고, 연못에는 홍색과 백색의 연꽃이 피어난다. 계절의 흐름에 따라 다양하게 변하는 연못은 지친 시민들이 잠시 쉬어 갈 수 있는 휴식처의 역할을 톡톡히 하고 있다. 특히 연꽃이 피면 아버지의 모습이 생각나 자주 찾아 거닐곤 한다.

아버지는 힘든 생활 속에서도 부처님 오신 날이 되면 새벽 일찍 금산사를 찾아 가장 큰 연등을 사서 누구보다도 먼저 대웅전 마당의 중앙에 걸곤 하셨다. 자식들이 잘되기를 바랐던 아버지의 간절한 마음이 전해져 그리움이 더해간다.

이쯤 되면 배고픔을 느끼기 시작한다. 주말이라 아내의 수고로움도 덜어줄 겸 해서 점심은 사 먹기로 한다. 오래된 맛집이 많은 중인동 시내버스 종점으로 향한다. 종점 하면 더 이상 갈 수 없다는 생각에 뭔가 아련하기도 하고 고향에 온 것 같은 포근함도 간직하고 있어 좋다. 종점은 출발하는 곳이라 시간만 맞추면 기다리지 않고 탈 수 있고 항상 좋은 자리를 선점할 수 있다. 돌아올 때도 정거장을 지나칠까 하는 걱정을 할 필요가 없어 편안하게 쉴 수 있다. 그러다 보니 특별히 바쁜 경우가 아니고 짐이 없는 날이면 시내버스를 이용하는 것이 일상이 되었다.

종점에 다다르니 벌써 등반을 마치고 내려온 등산객들로 북적거린다. 중인동이 모악산으로 가는 초입이다 보니 주말은 물론이고 평일에도 등산객의 왕래가 많다. 그래서 종점 부근에는 유독 맛집이 많다. 젊은이보다는 연세가 있으신 분들이 많이 이용하다 보니 청국장이나 순대, 김치찌개, 닭도리탕과 같은 토속 음식이 주메뉴이다. 우리도 식당을 정해 자리를 잡고 앉는다.

지금 중인동은 농촌의 모습이 점점 사라지고 도시로 탈바꿈해 가고 있다. 8년 전만 해도 저녁 식사를 하고 동네에 나오면 대부분의 집이 불을 끄고 잠자리에 들어 마을 전체가 절간처럼 고요했다. 시간이 흐르면서 외지인들이 들어와 주택과 상가를 지으면서 각종 편의시설이 자리잡기 시작하였다. 물론 생활이 편리해져 좋은 점도 있으나 뭔가 아쉽다. 편리함을 찾아서 이곳에 이사 온 것이 아닌데 날로 도시화되어 가는 중인동의 변화가 불편하다. 8년 전과 지금은 상전벽해를 실감케 할 정도의 엄청난 변화가 밀려오고 있다. 현재도 동서를 가르는 고속도로 공사와 진입로 4차선 공사가 한창이다. 앞으로 얼마나 더 많은 변화가 중인동에 찾아올지 상상도 할 수 없다. 그래도 아직은 대문 앞에 야채나 과일을 놓고 가시는 이웃의 훈훈한 정이 남아 있고, 옆집에 누가 사는지, 어떻게 지내는지 알고 지내는 부락의 모습이 남아 있어 다행이다. 이 멋진 중인동에 살고 있는 우리 부부도 어떤 모습으로 변해갈지 궁금하고 기대된다.

완산칠봉으로 떠나는 과거로의 여행

과거를 찾아 길을 나섰다. 유년기를 보냈던 옛 동네 입구에 들어서니 가슴이 답답해 오는 걸 느꼈다. 결혼을 하고 술 한잔 거나하게 되면 어린 시절 슬레이트 집에서의 생활을 철 지난 레코드처럼 내뱉곤 하였다. 그런 모습이 안쓰러웠는지 아내가 같이 가보자고 한 것이다. 취업을 하여 독립을 할 때까지 완산칠봉을 벗어나지 못하고 산자락을 전전했다. 50년 전만 해도 완산칠봉 자락에는 무허가 집들이 금방이라도 쏟아져 내릴 듯 여기저기 위태롭게 자리해 있었다. 지금은 산 중턱에 있는 동네들이 벽화마을이라는 이름으로 관광명소가 되기도 하였지만 당시만 하여도 전쟁 후 피난민이 자리잡은 빈민촌의 상징과도 같은 곳이었다.

　달동네에 사는 사람들의 주거 환경은 무척 열악했다. 여러 세대가 공동화장실을 이용하고, 슬레이트 지붕에 시멘트 벽돌로 지은 집은 비바람만 간신히 막아주었으며, 덜컹거리는 함석 대문은 곧 떨어져 나갈 듯했다. 연탄 배달도 안 되고 수돗물도 잘 나오지 않아 수레나 물지게로 날라야만 했다. 그래도 어머니는 우리집에서 보는 야경만큼은 그 어디에서도 볼 수 없다며 이렇게라도 온 가족이 함께 생활할 수 있음이 감사하다고 하셨다. 그때의 열악한 환경은 어린 마음에 상처로 남아 오랫동안 아물지 않고 있었다. 아내가 그 트라우마를 지워주겠다며 손을 잡고 나선 것이다.

　내가 살던 동네는 완산칠봉 내칠봉의 끝 봉우리인 용두봉 중턱이었다. 세월이 흘러 많이 변하였음에도 길을 따라 걷다 보니 옛 모습들이 되살아나기 시작했다. 양로당을 거쳐 쌀집을 지나 올라가니 함께 살았던 동네 이웃들이 떠오르며 나의 방문을 반겨 주는 듯했다. 집들은 개축이 되어 그때 모습을 찾아볼 수 없지만 골목길만은 그대로 남아 기억을 찾아가는데 어렵지 않았다. 예전에 살던 집에 다다르니 옛집은 없어지고 터만 남아 과거의 흔적을 보여주고 있었다. 멀리 시내를 바라보니 예나 지금이나 도심의 풍경은 고풍스러웠다. 한 번은 과거의 내 모습을 찾아보고 싶었는데, 다시 찾아오는데 반 백 년이라는 시간이 흘렀다.

  과거를 따라 여행을 계속했다. 용두봉에 올라 용머리고개를 내려다보니 아버지와 마주하고 있는 아내의 모습이 떠올랐다. 우리가 결혼을 할 때만 해도 지역감정이 심하여 아버지가 경상도 출신인 아내와의 결혼을 반대하셨다. 아버지는 인사 온 아내와의 만남이 불편하셨는지 용두봉으로 자리를 피하였는데, 아내가 따라가서 끈질긴 설득으로 허락을 받았던 곳이다. 우리의 결혼이 서동요까지는 아니어도 경상도 여자와 전라도 남자의 만남이다 보니 당시만 해도 조금 극적이기는 했다. 지금 우리가 살고 있는 모습을 보고 계신다면 그때 허락을 잘 하였다고 생각하실 것 같아 다행이다.

  용두봉을 지나 백운봉, 무학봉까지 등선을 따라 걸었다. 맞은편에서 고개를 떨구고 걸어오는 청년이 보였다. 대학시절 시험에 계속 낙방하면서 괴롭고 힘들 때면 찾아와 답답한 마음을 달래던 능선 길이다. 특히 가을 무렵이 되면 길을 따라 울긋불긋 물든 나뭇잎들이 찢기고 멍든 상처를 어루만지듯 흔들리는 모습에 위로받곤 하였다. 옥녀봉으로 향하는 길 위에 넓게 자리잡은 소바위가 있다. 옥녀봉에 오르는 급경사를 앞두고 등산객들이 잠시 쉬어 가는 쉼터이기도 하다. 군 입대를 앞두고 모든 것이 끝나 버린 것 같은 절망감에 처음 담배를 배웠던 곳이기에 남다른 곳이다. 아내와 같이 소바위에 앉아 완산칠봉이 젊은 시절 나에게 어떤 의미였는지 말해 주었다. 곁에 있던 아내는 말없이 나의 손을 잡아 주었다. 순간 완산칠봉에 갇혀 있던 내가 자유로워지는 것을 느꼈다.

완산칠봉에서 가장 높은 장군봉에 도착했다. 팔각정에 오르면 사방으로 탁 트인 전주 시내를 한눈에 둘러볼 수 있다. 손에 잡힐 듯한 전주의 아름다운 모습을 하나하나 설명해 주었다. 아직 무더위가 물러가기 전이라 이마에 맺힌 땀방울이 바람에 시원했다. 이제 과거의 나와 마주하는데 조금은 덜 힘들 것 같았다.

내려오는 길에 완산 꽃동산에 들렀다. 몇 해 전부터 겹벚꽃과 철쭉으로 유명해져 봄이 되면 전국에서 많은 사람들이 찾아오는 관광명소가 되었다. 나도 꽃을 좋아하는 어머니와 매년 찾아오곤 한다. 지금은 철이 지나 꽃도 떨어지고 사람도 없어 한적하지만 꼬불꼬불 꽃밭을 따라 걷는 길이 여유롭고 나름 운치가 있었다.

약수터에 다다르니 왁자지껄 아이들의 소리가 들리는 듯했다. 완산국민학교와 지척에 있어 어린 시절 특별한 놀이가 없던 아이들에게는 이곳만큼 재미있는 공간이 없었다. 점심시간이나 수업이 끝나 잠시라도 시간이 생기면 친구들과 무리를 지어 한걸음에 달려오곤 했다. 울창한 삼나무 사이로 이리저리 뛰어다니며 숨바꼭질도 하고, 편을 나눠 총싸움과 말뚝박기를 하며 놀던 곳이다.

지금은 교통수단이 발달하여 인근 산을 찾아다니지만, 예전에는 완산칠봉이 전주시 중심부에 자리하고 있어 평일이나 주말에 시민들의 발길이 끊이질 않았다. 연세가 있으신 분들은 건강을 위해 찾아오고, 젊은이들은 고단한 삶에 위안과 위로를 받기 위해 찾곤 했다. 칠성사와 정혜사가 자리하고 있어 조상과 자녀를 위한 기도를 하러 오는 불자들의 발길도 줄을 이었다. 이렇듯 완산칠봉은 오랜 세월 동안 시민들로부터 많은 사랑을 받아왔으며, 시민들을 위해 모든 것을 내어주며, 시민과 함께 호흡하며 묵묵히 자리를 지켜왔다.

초입에 서서 완산칠봉을 올려다보니 나의 삶이 고스란히 담겨 있었다. 싫어도 버릴 수 없는 과거의 시간들을 있는 그대로 받아들일 수 있게 되었다. 완산칠봉과 함께 했던 시간들은 전주의 역사이면서 나의 역사이기도 하다.

• chapter 2. 사람이 설렘이다 •

퇴직 여행을 떠나다

chapter 3

공항 입구에 서면 워싱턴 야자수가 눈길을 사로잡는다.
40분 사이에 머나먼 외국으로 순간 이동을 한 것 같은 느낌이 든다.
하늘은 유난히 맑고 공기도 더 신선한 것 같고
곧 좋은 일이 생길 것 같아 기분마저 좋아진다.
사람들의 북적거림도 출국을 위한 복잡한 절차도
탑승을 위해 기다리는 시간도 불편함보다는 그 자체가 좋다.

제주도 간다

 이불이며 옷가지며 각종 살림살이를 승용차에 가득 싣고 여객선에 올랐다. 선상에 있는 "제주도 간다, 완도에서"라는 표지판을 배경으로 사진 찍기에 신났다. 아내는 "우리 다시 신혼이 되는 건가요?"라고 묻는다. 신혼이란 말에 이건 뭐지 하는 표정으로 쳐다보니 아내는 장난기 많은 얼굴로 환하게 웃는다.
 제주에서 한 달이나 일 년 살기가 유행하면서 우리도 제주살이를 해보자는 막연한 계획이 있기는 했다. 물론 퇴직을 하고 나서야 가능하다고 생각한 터라 이렇게 갑자기 가게 될지는 예상을 못 했었다. 하반기 근무 희망지 신청 공지사항을 보는 순간 제주에 가 볼까 하는 생각이 불현듯 들었다. 갑자기 심장이 뛰고 가슴이 설레기 시작했다. 저녁 식사를 마치고 아내와 커피를 마시며 마주 앉았다. "신청해 볼까?" 아내는 한 치의 망설임도 없이 가자고 했다.

제주도 근무를 신청하고 주변 정리를 하며 마음이 바빠졌다. 1년 넘게 떠나 있어야 해서 벌려 놓은 일들을 대충이라도 마무리하고 가야 했다. 갑작스럽게 떠나는 거라 인사는 제주에 가서 할 요량으로 급한 일들만 처리하며 제주살이 준비를 하였다. 가보고 싶은 곳도 많고, 걸어보고 싶은 길도 많고, 해보고 싶은 것도 많다. 제주도에 대한 정보를 수집하면서 생활 터전을 옮기기 위한 준비를 차근차근 해나갔다. 시간이 지나면서 조금씩 불안해지고 잘 지낼 수 있을지 걱정이 생기기 시작했다. 괜히 신청을 했나 하는 후회도 들었다. 떠나기 전날까지 잘했다는 생각과 후회하는 마음이 반복되면서 감정의 요동에 꽤나 힘들었다. 언제나 그랬듯이 새로운 선택을 하였을 때의 진통을 거치고 있는 거라 생각되었다.

제주도에 가기 위해서는 일단 비행기를 타거나 여객선을 타야 해서 출발하는 순간 여행의 설렘이 다른 지역에 비해 크다. 제주공항에 도착하면 워싱턴 야자수와 열대 식물들이 곳곳에서 반겨주니 이국적인 정취를 느끼기에 충분하다. 마치 외국에 온 것 같은 신비감으로 제주에서의 기억은 모두 아름답고 행복하고 즐거웠다.

신혼여행을 제주도로 왔었다. 당시만 해도 외국으로 가는 것은 특별한 사람만이 누릴 수 있는 행운이었고 대부분은 제주도로 가는 것이 당연하였다. 일 년 넘게 시·도를 넘나들며 만나다가 결혼을 한 터라 신혼여행은 특별한 감흥으로 다가왔고, 생애 첫 제주도행은 신비로움과 설렘으로 가득했었다. 세상에 태어나 부모님의 보호를 받으며 지내다가 결혼을 하면서 새로운 가정을 이루는 첫걸음을 제주도에서 시작하였다. 민속촌에서 신부를 업고 한 컷, 바닷가 모래밭에 그린 하트 모양을 배경으로 한 컷, 성산 일출봉을 배경으로 한 컷, 제주시의 야경을 배경으로 와인잔을 들고 한 컷. 지금도 신혼여행에서 찍은 풋풋한 사진들을 소중한 보물로 간직하며 가끔 그때의 행복했던 순간을 회상해 보곤 한다.

처음 제주도와 인연을 맺은 후로 몇 차례 여행을 왔다. 결혼을 하고 얼마 되지 않아 부모님을 모시고 제주도에 왔었다. 첫애가 3살 정도였으니 둘째는 아직 태어나기도 전이고, 반지하에서 생활하던 어려운 시절이라 부모님을 모시고 여행을 한다는 것이 쉬운 결정은 아니었다. 부모님이 평생 한 번도 비행기를 탄 적이 없다는 사실을 알게 된 아내가 일방적으로 추진하였다. 오직 자식들의 교육만 생각하며 다른 사람들이 누렸던 소소한 일상마저도 거부하며 살아오셨던 부모님을 위한 아내의 마음이었다. 제주도를 여행하는 동안 아버지는 손자의 손을 잡고 어린아이처럼 즐거워하셨다. 아버지도 여행을 좋아하시고 환한 웃음을 간직하고 있다는 사실을 그때 알았다. 그 후 몇 해가 지나지 않아 아버지는 우리 곁을 떠나셨다. 아마 아버지는 자식의 불효를 조금이나마 덜어 주려고 마지막으로 행복한 모습을 남겨주셨던 것 같다.

아이가 청소년 시절을 지나면서 사춘기의 성장통을 앓았다. 그저 잘 이겨내 주기만을 지켜보며 가족들도 힘든 시간을 보내고 있던 시기에 탈출구로 제주도를 찾았다. 여행 기간 동안 가족끼리 부대껴보자는 마음으로 캠핑을 계획했다. 승용차에 캠핑 용품과 가재도구를 가득 싣고 목포에서 카페리 여객선을 탔다. 우리는 선상에 앉아 한동안 끝없는 바다를 바라보았다. 사설 글램핑 캠핑장을 예약하여 2박 3일 동안 온전히 함께 했다. 좁은 텐트에서 함께 지내며 식사도 같이 준비하고 여기저기 구경도 다니고 저녁이면 돗자리에 누워 밤하늘의 별자리를 찾아보기도 했다. 우리는 그렇게 서로를 조금 더 알게 되었고, 가족의 사랑을 조금 더 느끼며 제주에서의 소중한 추억을 간직하게 되었다.

이번 제주도행은 놀러 가는 것이 아니고 생활을 하러 가는 것이다. 제주도로 가는 여객선에서 직원의 전화를 받았다. "아직 육지인가요?" 육지라는 생소한 단어가 어색했다. 지금껏 육지라는 단어를 몇 번이나 말하고 들었는지 생각하게 된다. 내가 그간 육지에 살았고 이제 섬에 간다는 것이 실감났다. 나도 섬사람이 되는 것이다.

제주 온 지 얼마나 되었다고 육지 생활은 오래전의 이야기처럼 아득하다. 육지에 대해서는 별로 생각도 하지 않게 되고 소식도 딱히 관심이 없어지고 있다. 몸이 멀어지면 마음도 멀어진다는 말이 사실인가 보다. 지금 육지에서는 여러 가지 정치적 사회적 이슈들로 시끄럽고 복잡하지만 여기서는 크게 관심도 없어 보이고 오히려 평온해 보이기까지 한다. 마치 다른 세상에 와 있는 것과 같은 생각이 들기도 한다. 나도 세상과 멀어져 제주의 멋진 모습을 탐방

하기에 바쁘다. 제주의 속살을 보고 있다.

  제주의 일상은 모든 게 신기하고 새롭다. 아침이면 차를 운전하여 직장으로 출근을 하고, 퇴근을 하면 핫플레이스와 맛집을 검색하여 찾아다니기 바쁘다. 비가 오면 우산을 챙기기보다 우의를 입고 바람 맞을 준비를 해야 한다. 동네 카페에 앉아 있으면 들리는 말과 안 들리는 언어가 혼재되어 잠시 외국에 온 것인지 착각을 하곤 한다. 처음 서울에서 생활하면서 서울 사람들의 말투가 고급스럽고 멋스럽게 들렸던 그 시절이 떠오르기도 한다. 외지인의 볼썽사나운 행동을 보면 현지인의 심정이 되어 인상이 찌푸려지기도 한다. 제주에서의 생활이 설레기 시작했다.

제주 도민이 되다

　제주에 도착하자마자 거주할 관사를 찾아갔다. 지은 지 30년이 넘고 빈집으로 있은 지도 2년 정도 되다 보니 아파트 외부가 무척 낡았고 내부도 베란다와 창문 아래 벽지에 곰팡이로 얼룩지고 먼지에 잡동사니가 여기저기 널려 있어 당장 들어가 살 수가 없는 상태였다. 일단 비어 있는 주택으로 임시 거처를 정하고 아파트 정비를 시작했다.

　청소하는 사람들에게 의뢰하여 내부 정리부터 했다. 베란다와 창틀 사이엔 빗물이 들어와 말라붙어 있어 물때를 제거하는데 어려움이 많았다. 주방과 세탁실도 먼지가 쌓여 있어 마찬가지였다. 방과 거실의 바닥은 오랫동안 닦지 않아 걸을 때마다 쩍쩍 달라붙는 느낌이었다. 일하는 분들의 불평을 받아들이며 한나절 정도 청소를 하고 나니 제법 사람 사는 집처럼 보였다. 한쪽 다리가 부러져 기울어져 있는 소파와 사무용 의자는 대형폐기물로 처리하였다.

관사는 아무것도 없는 텅 빈 상태였다. 생활을 하기 위해서는 냉장고, 세탁기, 텔레비전과 같은 기본적인 전자제품이 필요했다. 모두 사자니 돈이 만만치 않게 들게 생겼다. 동료 직원들과 점심을 하면서 넋두리를 하니 한 동기가 빌려줄 수 있다고 했다. 연유를 들어보니 동기도 나처럼 제주에 와서 전자제품이 필요하여 구입하였는데 관사를 옮기다 보니 두고 간 제품이 있어서 구입한 제품은 사용하지 않고 있으니 가져다 사용하라고 했다. 역시 말은 해보고 볼 일이다. 동기 덕분에 세탁기와 냉장고, 텔레비전은 무상으로 구하게 되었다.

기본적인 것들이 갖추어지고 입주를 했다. 층수가 4층이니 짐이 아무리 적어도 사다리차가 필요했다. 대충 짐 정리를 하고 씻으려는데 세면대 똑딱이 물마개가 없었다. 근처 철물점을 찾아 팝업 세트를 구입해 와 공구들을 꺼내 놓고 한참을 낑낑거렸다. 인터넷으로 설치 방법을 조회하며 조립을 하고 나니 자정이 넘었다. 우여곡절 끝에 이사를 마치고 첫날밤을 보내는데 눈물이 날 정도로 기뻤다. 그간 이사도 많이 하고 직접 집을 지어도 보았지만 스스로 모든 것을 해결하며 생활을 할 수 있는 집을 마련하고 나니 뿌듯함마저 들었다.

약간의 불안감이 있으면서도 별일 없이 며칠을 지나다 보니 마음도 점점 안정을 찾아가고 있을 무렵 태풍이 불어왔다. 귀갓길에 태풍으로 중형 승용차인 차가 휘청하고 흔들리는 것을 보고 제주의 바람이 대단하다는 걸 몸소 체험하게 되었다. 창문을 꼭꼭 잠그고 일찍 잠자리에 들었다. 바람과 빗소리에 깨어 거실로 나와 보니 주방 쪽 바닥이 물바다가 되어 있었다. 부지런히 닦아내고 창문을 살펴보니 리모델링을 하며 창틀을 하나 덧대면서 창틀 사이를 막지 않아 그 사이로 물이 들어오고 있었다. 신혼초에 살았던 반지하 방이 떠올랐다.

신혼집으로 반지하 방을 구했었다. 입주를 위해 장롱을 들이는데 지하로 내려가는 계단에 손잡이 난간이 있어 들어가질 못했다.

여러 각도로 진입을 시도하였으나 좁은 계단을 통과할 수 없어 이사 갈 때 다시 설치해 주는 조건으로 난간을 제거하고 이사를 했었다. 이사 후엔 처가 부모님이 신혼집 구경을 오시던 날에 하수구가 역류하여 날을 새며 걸레로 닦아 냈던 슬픈 기억이 남아 있다. 제주 관사에 입주를 하며 그때의 기억이 새록새록 떠올랐다.

 외적인 시설이 어느 정도 정비가 되고 이젠 생활이 편리하도록 준비하는 일이 남아 있었다. 식탁만 있고 의자가 없어 플라스틱 의자 두 개와 접이식 의자 두 개를 구입했다. 에어컨이 고장 난 상태라 임시로 선풍기도 구입하고 가스레인지도 새로 구입했다. 식사를 해결하기 위한 전기밥솥과 전기주전자도 구입하고 꼭 필요한 주방용품도 구입했다. 살림이 하나하나 늘어나면서 주거지의 외형이 갖춰져 갔다.

 그동안 여러 지역에서 객지 생활을 하였지만 가전제품 같은 생활용품이나 주방용품을 구입한 적은 없었다. 나 혼자 잠만 자면서 생활하다 보니 식사는 구내식당에서 해결하고 저녁에도 야근을 주로 해서 딱히 집에 있을 시간이 없었다. 매주 주말마다 집에 오다 보니 임시 거처로만 생각하여 최소한의 생활을 하며 지냈던 것이다. 이번 제주에서의 생활은 마음자세부터가 달랐다. 제주에 있는 동안 주민으로 생활하면서 이곳에서 가족들과도 많은 시간을 같이 보낼 예정이어서 준비를 철저히 했다.

하루 연가를 내고 연동주민센터에 가서 전입신고를 하려는데 차고지 증명서가 필요하다고 했다. 제주도에서 차량을 소유하기 위해서는 차고지가 있어야 하는 차고지 등록제가 있었다. 주소지를 옮기려고 하니 차량까지 이전되므로 차고지 증명이 필요했던 것이다. 번거롭기도 하고 차량 두 대를 모두 신고해야 해서 주소지 이전을 그만 둘까 하는 마음도 있었으나 주민등록 등본에 제주도 거주 이력을 올리고 싶은 욕심이 생겼다. 아파트 관리사무소에 찾아가서 사정을 하여 차량 두 대의 증명서를 간신히 받아 전입신고를 했다. 한 달간의 긴 이사 여정을 마치고 집으로 돌아오는 길에 제주시장으로부터 제주시 전입을 환영하는 문자가 왔다. 제주 도민이 된 것이다.

사람이 오가는 곳, 제주공항

"혼저옵서예, 제주공항 이우다. 놀멍 놀멍 놀당 갑서예."

이게 무슨 말이지, 순간 고개가 갸우뚱해진다. 창밖을 보니 다양한 옷을 입은 비행기들이 휴식을 취하거나 떠날 차비를 하며 자리하고 있다. 휴양지의 신선한 공기가 기내로 들어오기라도 한 냥 숨을 깊이 마셔본다. 아직 출입문이 열리지도 않았는데 기내의 사람들은 벌써 제주의 바다를 향해 달리고 있다. 도민증을 가진 사람으로서 원주민 티를 내기 위해 최대한 느긋한 척 자리에 앉아 있으려니 아직 여행객 모드가 남아서인지 쉽지 않다. 백팩 하나만 메고 양손에 캐리어를 든 관광객들 사이를 여유 있게 빠져나온다.

공항 입구에 서면 워싱턴 야자수가 눈길을 사로잡는다. 40분 사이에 머나먼 외국으로 순간 이동을 한 것 같은 느낌이 든다. 모든 게 이국적으로 보인다. 하늘은 유난히 맑고 공기도 더 신선한 것 같고 곧 좋은 일이 생길 것 같아 기분마저 좋아진다. 사람들의 북적거림도, 출국을 위한 복잡한 절차도, 탑승을 위해 기다리는 시간도 불편함보다는 그 자체가 좋다. 공항에서 시내버스를 타고 집으로 가는 동안 육지의 인연들은 잊혀지고 새로운 세상에 온 것처럼 머리가 맑아진다.

지금까지 비행기를 탄 횟수가 열 손가락도 채우지 못하다가 제주에 오면서 공항 다니기를 옆집처럼 오가고 있다. 관사가 제주공항 근처여서 퇴근길엔 항상 비행기의 이착륙을 보게 된다. 매일 수많은 사람들이 비행기를 타고 어디론가 떠나고 어디선가 온다. 제주를 오가는 사람들의 사연이 궁금하다. 나도 제주에 간다고 하자 많은 사람들이 궁금해했다. 무슨 일이 있어서 쫓겨 가는 것이 아닌가 하는 의심의 눈초리였다. 원해서 신청을 했다고 하면 알았다고는 하면서도 딱히 신뢰하는 눈치는 아니었다. 그래도 크게 개의치 않는다. 무슨 이유로 왔건 제주에 왔다는 것이 중요하니까.

   제주에 오고 몇 번 육지에 다녀왔다. 처음 비행기 예매를 할 때는 서툴러서 시간도 오래 걸리고 잘못한 것은 아닌지 신경도 많이 쓰였다. 몇 번 예약하고 취소하기를 반복하다 보니 비행기표 예매도 버스표 예매와 별 반 다르지 않다. 비행기 타는 것도 긴장이 되었으나 한두 번 타다 보니 버스 타는 것과 차이가 없다. 비행기를 타기 위해서는 버스보다 조금 이른 시간에 도착하여 20분 전까지 탑승을 하면 되고, 그나마 늦으면 방송도 해주고 이륙 전까지 오기만 하면 태워준다. 출국장으로 들어가기 위해선 소지품 점검을 받아야 하고, 면세점에서 담배를 살 수 있다는 것을 제외하곤 타는 과정도 비슷하다. 요금도 버스 요금과 비슷한데, 운이 좋으면 더 싸게 타기도 한다. 그래도 집을 오가는데 비행기를 탄다는 게 뭔가 있어 보이고 멋져 보인다.

   30년 동안 열다섯 번의 전출입을 경험했으니 2년에 한번 꼴은 근무지가 바뀌었다. 대부분 승진이나 장기 근무로 인한 전보였으니 만족까지는 아니어도 즐거운 마음으로 떠나곤 했다. 이쯤 되면 타지로 가는 것이 어지간히 적응되어 거부감이나 두려움이 없어질 만도 한데 새로운 곳으로 간다는 것은 여전히 부담스럽고 힘들다. 이번 제주로의 전보는 예전의 전출입과는 다르다. 육지에 있을 때는 마음만 먹으면 아무 때나 집에 올 수 있었으나, 제주는 비행기나 여객선을 이용해야 하고 날씨나 기후 영향으로 오고가는데 제약을 받을 때가 많다.

청주에 근무할 때의 일이다. 객지 생활을 하고 있던 과장님과 저녁을 먹으며 소주를 한 잔 하는데 집에 너무 가고 싶은 것이다. 사정을 이야기하니 과장님이 웃으면서 젊으니 좋다고 하며 다녀오라고 하였다. 15년 전의 일이니 젊기는 했나 보다. 그 길로 택시를 타고 집으로 갔다. 아내를 놀래 줄 욕심에 아파트에 도착하여 편의점 현금인출기에서 현금서비스를 받아 택시비를 지불하고 호기롭게 현관문을 열고 들어갔다. 깜짝 반겨 할 줄 알았던 아내는 무슨 일이 생긴 줄 알고 몹시 불안해했다. 너무 보고 싶어서 왔다고 하니 자기가 그렇게 보고 싶었느냐며 그제야 안심을 하며 잘 왔다고 했다. 문제는 그 후에 벌어졌다. 늦은 시간에 어떻게 왔냐는 물음에 택시를 타고 왔다고 한 것이 화근이 되었다. 15만 원을 주고 왔다는 말에 아내는 다음날 날이 밝으면 오지 왜 그랬느냐며 한참 동안 잔소리를 했다. 다음날 같이 여행을 하며 기러기의 설움을 잠시나마 달래고 다시 청주에 왔던 기억은 힘든 객지 생활 속에서 꿀맛 같은 추억으로 남아 있다.

며칠 전 아내가 육지로 나가려고 하는데 일기 예보가 심상치 않았다. 창문을 열어보니 제주의 바람이 불기 시작한 것이다. 육지는 기온이 급격히 떨어지고 눈 많은 서해안은 폭설 뉴스가 특보로 떴다. 출근길에 공항으로 출발하는데 아내의 핸드폰에 항공편 취소를 알리는 문자가 떴다. 제주에선 보고 싶다고 무작정 달려갈 수 있는 낭만은 없지만, 깜짝 선물 같은 아내와의 또 하루가 있어 좋다.

진천에 있는 연수원에 갔다 왔다. 거리상으로만 보면 전날 육지로 나가 숙박을 해야 하지만 당일 아침에 식사도 하고 공항에서 비행기를 타고 한 시간 만에 갈 수 있었다. 제주에선 서울이든 부산이든 전국 어디든 한 시간이면 간다. 일본이나 동남아도 제주에서 출발하는 게 더 편리하고 가깝다. 제주공항의 매력에 빠지기 시작했다.

떠나는 사람과 오는 사람이 머무는 곳, 출발과 도착이 공존하는 곳, 세상과 사람들을 이어주는 곳, 제주공항이 설레게 한다.

제주에 눈이 오면

승용차를 운전하여 퇴근을 하는데 도로가 차량으로 엉켜 300미터를 가지 못하고 돌아왔다. 회사에 주차를 하고 시내버스를 탔다. 두 정거장을 가다가 시내버스도 더 이상 나아가지 못하고 40분이 넘게 정차를 하고 있다. 다시 버스에서 내려 반대편 차선에서 시내버스를 기다렸다. 한참을 기다려도 버스가 오지 않는다. 회사로 돌아와 승용차를 운전하여 처음 운전했던 반대 방향으로 진행을 하였다. 절반쯤 진행하는데 앞선 차량들이 다시 정차하여 있는 것을 보고 다른 길로 우회하여 가까스로 집에 왔다. 평소 20분이면 가능한 거리를 3시간이 걸려 퇴근을 하였다. 제주에 눈이 온 것이다.

제주에 눈이 오면 교통 상황이 심각해진다. 제주의 도로는 평탄하지 않고 고저가 많다. 제주도는 한라산이 하나의 섬으로 이루어져 지형 따라 도로를 건설하다 보니 도로의 업 다운이 심한 편이다. 제주 시내 한복판의 도로조차 경사도가 3-40도에 가깝게 심하다 보니 눈이 오면 차량 운행이 쉽지 않다. 제주는 기온이 높아 평소 눈이 잘 내리지도 않아 다른 지역에 비해 제설장비가 잘 갖춰져 있는 것 같지 않고, 내려도 바로 녹아버려 눈이 와도 크게 신경을 쓰지 않는 듯했다. 그러다 보니 갑자기 눈이 많이 내리면 그야말로 교통이 엉망이 된다.

제주에 바람이 많다는 말은 눈이 오면 더 실감하게 한다. 제주에서 비가 오면 우산 대신 우의를 입듯이 눈이 내리면 모자가 달린 파카를 입는다. 눈이 바람을 동반하면 휘몰아치는 눈보라에 걸어 다니기도 어렵고, 도로는 물론이고 하늘길과 바닷길이 모두 끊겨 도민은 물론이고 방문객까지 발을 동동이며 연일 전국을 시끄럽게 달군다.

제주의 눈을 겪고 나니 신혼 시절 고속도로에서 차를 밀던 기억이 떠올랐다. 결혼을 하고 이듬해 구정에 처갓집에 가게 되었다. 눈이 많이 내려 도로 상황이 좋지 않았으나 신혼 초라 위험을 무릅쓰고 내려가게 되었다. 고속도로에 진입하여 엉금엉금 기어가는데 만남의 광장을 지나 약간의 오르막에 다다르자 바퀴가 헛돌기 시작하였다. 경사가 별로 심하지 않아 다른 승용차들은 그런대로 진행을 하는데 내 차만 유독 헛바퀴를 도는 것이다. 결국 아내가 차에서 내려 승용차를 밀며 오르막을 지나 가까스로 처가에 가게 되었다. 나중에 안 사실이지만 스텔라 승용차를 타고 눈길을 가게 된 것이 화근이 된 것이다. 그때만 해도 전륜과 후륜 구동의 개념이 없던 때라 별생각 없이 후륜인 스텔라를 타고 눈길 고속도로에 겁도 없이 진입하였던 것이다. 그날 고속도로 교통상황을 촬영하던 방송국 헬기에 장착된 카메라에 차를 미는 아내의 모습이 고스란히 찍혀 전국 방송이 되었으니 지금도 눈만 오면 그때 일을 말하곤 한다.

다음 날 버스를 타고 출근을 하여 제주의 제설 시스템에 대해 불만을 토로했다. 제주에 사는 직원들은 대수롭지 않다는 듯 별 반응이 없다. 생각해 보니 나만 버스에 승용차에 이리저리 요란을 떨었지 다른 승객들은 별 불평 없이 시내버스에 그대로 앉아 있었던 모습이 떠올랐다. 제주 재난 문자에서도 제설에 대한 안내는 별로 없이 통제가 된 구간 알림이나 대중교통을 이용하라는 알림만 있다. 한 직원이 작년엔 눈 구경하기가 어려웠는데 올해는 눈이 많을 것 같다면서 제주는 눈이 오면 설경이 멋진 곳이 많다며 오히려 운이 좋다고 했다.

　제주에서 태어나 학교를 모두 마치고 서울에서 직장생활을 시작한 동료와 이야기할 기회가 있었다. 자신은 어릴 때 자전거를 타면 오르막길이 하도 많아서 도로는 원래 높낮이가 많은가 보다고 생각했고, 비도 사선으로 내려 원래 비는 그렇게 내리는 줄 알았다고 한다. 그러다 서울에 발령이 나서 가보니 도로는 대부분 평탄하고 비도 하늘에서 똑바로 내리는 것을 보면서 제주가 섬이라 그런 거라는 사실을 깨닫게 되었다며 웃음을 지었다.

　제주에 눈이 오면 시민들은 한라산으로 달려간다. 제주도는 크지 않은 섬이지만 고도 차이가 2,000미터 정도 되다 보니 고도에 따른 기온차가 무척 크다. 제주 시내는 눈이 바로 녹지만 한라산 정상으로 갈수록 겨우내 눈이 녹지 않고 멋진 설경을 만들곤 한다.

겨울이면 한라산의 눈꽃과 상고대를 보기 위해 많은 사람들이 찾아온다. 한라산을 가기 어려운 사람들은 1100고지 휴게소를 방문하여 한라산의 하얀 자태를 바라보는 것으로 대신하곤 한다.

"1100도로 교통통제 해제되어 240번 노선버스가 정상 운행" 문자가 떴다. 제주에 눈이 오면 시시각각 도로 통제 상황을 문자로 알려준다. 한라산 cctv로 1100고지 도로 상황을 확인했다. 많은 차량들이 한라산의 설경을 보기 위해 분주하게 움직이고 있다. 나도 시내버스를 타고 1100고지로 향했다. 버스에는 두툼한 등산복과 모자, 스틱, 아이젠과 같은 방한 장비로 중무장을 한 등산객으로 가득했다. 백록담은 통제가 되어 한라산 둘레길을 걷기 위해 나선 사람들이다. 나는 아직 장비 준비가 안되어 눈 쌓인 한라산은 엄두가 나지 않아 1100고지에서나마 한라산의 설경을 보고 싶어 나선 것이다.

1100고지는 이미 많은 사람들로 가득했다. 주차장은 더 이상 차량이 진입하지 못하고 도로 갓길도 차들로 줄지어져 있었다. 눈 덮인 백록상이 처연하게 보였다. 전망 좋은 휴게소에 올라 눈 덮인 한라산을 바라보니 하얀 솜을 덮고 있는 듯 따스한 온기마저 느껴졌다. 다음에는 준비를 철저히 하여 눈 내린 한라산의 비경을 찾아가겠다는 다짐으로 아쉬움을 달래 본다.

며칠째 눈이 내리고 있다. 모자가 딸린 파카를 입고 군밤장수 모자를 쓰고 장갑을 끼고 등산화를 신고 시내버스를 이용하기 위해 일찍 출근길을 나선다. 이제 제주 사람 다 되었다.

그녀는 119

현관문을 열고 안으로 들어가니 난장판이던 집이 한나절 사이에 완벽해졌다. 옷이 종류별로 나뉘어져 옷장 각자의 칸에 자리를 잡고 있다. 그릇은 크기와 용도별로 나뉘어 선반 위에, 쌀과 잡곡 같은 곡물류와 생필품은 싱크대 아래에, 소금과 기름 같은 식용 재료들은 받침대 위에 가지런히 놓여 있다. 화장실 수납장엔 잘 마른 수건과 세면용품들이 들어 있고, 세면대와 바닥은 반짝반짝 윤이 난다.

부득이 이사를 하게 되었다. 귀찮기도 하고 이사할 일이 심란하여 그냥 버틸까도 생각했으나 보일러 수리를 해야 해서 어쩔 수 없었다. 아내가 이사를 도와주러 온다고 했다. 괜찮다고는 하였으나 혼자 하는 이사는 처음이라 내심 걱정이 되었는데 고마웠다. 이사 며칠 전부터 한파를 동반한 폭설로 전국이 꽁꽁 얼었다. 하늘길과 바닷길이 모두 막혔다. 아내는 공항도 바꾸고 날짜도 변경하며 오려고 하였으나 결국 오지 못하고 혼자 이사를 하게 되었다. 연차를 내고 이삿짐센터의 도움으로 짐은 옮겼으나 정리는 엄두가 나지 않았다. 주말에 정리할 요량으로 짐을 쌓아 둔 채로 하룻밤을 지내고 다음날 출근을 했다. 퇴근 후에 집에 돌아와 보니 체크인 하고 막 들어선 오성급 호텔방처럼 깔끔하게 정리되어 있었다. 그녀가 온 것이다.

군산에서 비행기가 뜨지 않자 광주까지 가서 눈보라를 뚫고 제주에 온 것이다. 미처 옷도 갈아입지 못하고 앞치마만 두른 채 양손에 고무장갑을 끼고 바닥을 닦고 있었다. 아내가 준비한 청국장으로 저녁식사를 같이 했다. "당신에게 맡겨두려니 맘이 놓여야지. 내가 와 보기를 잘했지." 환히 웃는 얼굴에 피곤함이 묻어 나왔다.

결혼을 하고 힘든 일이나 어려운 일이 생길 때마다 아내의 도움이 있었다.

특별 승진을 신청할 때의 일이다. 당시 승진 연한도 적고 준비도 덜 되어서 신청을 할지에 대해 고민을 털어놓았다. 아내는 이런저런 상황을 물어보더니 올해 해 보는 게 좋겠다고 했다. 쉽지 않다는 사실을 알면서도 그녀의 신중한 성격을 알고 있던 터라 반신반의하며 신청을 했다. 준비하는 6개월 동안 아내는 지극 정성으로 도와주었다. 매일 몸에 좋다는 약재와 음식을 준비하고, 하루도 거르지 않고 공부를 하고 늦게 돌아오는 남편을 마중 나와 주었다. 시험을 보는 과천까지 따라와 세세한 부분까지 곁에서 챙겨 주었다. 그녀의 헌신으로 승진을 하였다.

가족 중에 누구라도 아픈 사람이 생기면 그녀는 의사가 된다. 감기 몸살 증상이 생기면 민간요법을 동원하여 약재를 달이고 날을 새며 수건에 물을 묻혀 체온이 떨어질 때까지 머리맡을 지킨다. 가끔 체하기라도 하면 손가락을 따고 등을 두드리고 매실에 한방 소화제까지 동원하며 체기가 내려갈 때까지 미음으로 끼니를 챙겨 준다. 둘째가 중이염을 앓던 때의 일이다. 병원에선 염증이 심해서 치료가 어렵다며 수술을 해야 할 것 같다고 했다. 아내는 여기저기 알아보더니 결심을 한 듯 항생제를 귀에 들어붓고 열이 펄펄 나는 아이 머리맡에서 이틀 밤을 꼬박 샜다. 그런 모습을 보며 아내는 철인이라 생각했다. 아이는 증상이 호전되어 의사마저 놀라워했다. 그 후부턴 아내의 민간 치료법에 의심이나 이의를 달지 않는다. 아내의 손길이 닿으면 어떤 병도 낫는다는 것을 알게 된 것이다.

집이 시내에서 떨어진 외진 곳에 있다 보니 교통이 불편한 편이다. 대학생인 아이들이 친구들과 놀다 보면 시내버스가 끊기는 일이 종종 있다. 아이들은 아내에게 연락을 해서 이런저런 애교를 부린다. 아내는 못 이기는 척하며 아이들을 데려오곤 한다. 나는 한 술 더 떠서 모임에서 술이라도 먹게 되면 대리 요청을 한다. 술에 취해 대리운전을 시키면 위험할 수 있으니 꼭 자기를 부르라는 아내의 간곡한 청(?)을 들어주어야 하기 때문이다. 돌아오는 차 속에서 듣는 아내의 지칠 줄 모르는 잔소리는 대리해 주는 아내의 수고로움에 비할 바가 아니어서 자장가라 생각하며 들어주곤 한다. 가족이 SOS를 하면 그녀는 대기 중이던 흑기사처럼 신속하게 출동하여 우리들을 구해준다.

주말이면 우리 집은 힐링 센터가 된다. 따스한 햇살이 들어오

• chapter 3. 퇴직 여행을 떠나다 •

는 거실에 남자 셋이 순서를 기다리고 있다. 아내는 한 명씩 다리에 누이고 귀 청소를 해 준다. 우리 집 남자들은 하나같이 자신들의 귀 청소도 할 줄 모른다. 아마 아내의 손길을 받고 싶어 시도조차 해보지 않았는지도 모르겠다. 귀 청소가 끝나면 마사지를 해준다. 머리에 밴드를 하고 세안을 하고 나면 얼굴에 마사지 팩을 하나씩 붙여 준다. 운이 좋은 날엔 수제 팩의 호사를 받기도 한다. 팩이 끝나고 나면 촉촉해진 얼굴에 수분크림과 에센스까지 골고루 발라 준다. 그녀의 사랑으로 일주일의 피로가 치유되는 시간이다.

집에 온 아내는 혼자 사는 나를 챙기기 위해 바쁜 시간을 보낸다. 낮엔 집안 청소도 하고 오일장에서 재료를 사서 반찬도 준비해 두고, 퇴근 후에는 피곤함을 감추며 외로웠을 중생을 위해 시간을 같이 보내주려고 애쓴다. 3일이 지나자 전주에 가겠다고 한다. 나의 빈곤이 어느 정도 회복되었다고 생각한 것이다. 떠나는 날 아침까지 김치를 담아 놓기 위해 바쁘다. 아내는 아침 식사를 하며 집에 있는 강아지에 대한 걱정을 하기 시작했다. 아내의 손길을 간절히 기다리는 녀석이 한 명 더 있다는 사실이 떠올랐다. 아내를 필요로 하는 사람이 많다. 그녀는 119다.

올레길 위에 서다

　　26코스 425킬로미터, 내가 걸을 수 있을까? 제주에 와서 가장 먼저 시작한 것이 올레길을 걷는 것이다. 올레길에 대한 지식이 전혀 없는 상태에서 산티아고를 걸었던 경험만을 믿고 호기롭게 스스로에게 던진 숙제이다. 산티아고를 걷고 나서부터는 어느 지역을 잘 알기 위해 두 발로 걷는 방법이 가장 좋다는 사실을 알게 되었다. 제주를 더 많이 사랑하고 조금 더 가까이에서 제주의 속살을 보기 위해 올레길을 선택한 것이다.

　　사람들은 이동할 때 시내버스나 고속버스, 기차와 같은 대중교통을 이용하기도 하지만 대부분 승용차를 많이 이용한다. 물론 취미로 자전거를 타거나 산책이나 등산을 하기 위해 걷기도 한다. 승용차를 타고 이동하면 지나온 지역에 대해 남아 있는 게 별로 없다. 특히 직접 운전을 할 경우에는 운전에 집중하느라 주위 환경을 거의 볼 수가 없다. 내비게이션이 길잡이를 해 주는 요즘에는 여러 번 간 길도 내비게이션이 없이는 길을 찾아가는 것조차 쉽지 않다.

15년 전부터 시내버스를 많이 애용하고 있다. 타 지역에 가거나 대중교통이 닿지 않는 곳을 제외하고는 가능한 시내버스를 타고 다녔다. 제주에 와서도 시내버스 사랑은 이어졌다. 제주도는 도로가 다른 지역과 연결되지 않고 섬 내부를 돌고 돌기 때문에 몇 개 중요한 도로만 알면 시내버스를 이용하기가 편리하다. 출퇴근뿐만 아니라 올레길을 걸을 때도 시내버스를 이용한다. 올레 시작점까지는 승용차로 가서 주차를 하여 두고 걸어서 종점에 이르면 시내버스를 타고 다시 시작점으로 돌아오곤 한다. 올레길을 따라 시내버스 노선이 연결되어 있어서 보행자에게는 무척 편리하게 이용되고 있다.

3년 전에 산티아고 순례길을 걸었다. 3년이 지난 지금도 그때 산티아고 길을 걸었던 여정이 선명하게 기억에 남아 힘들 때 위로가 되어 주고 있다. 걷기의 매력은 걸어 본 사람만이 안다. 걷는 동안 아름다운 자연을 바라볼 수 있는 것은 물론이고, 지역마다 사람과 음식, 동네의 특색들이 발길 따라 고스란히 머릿속에 저장된다. 제주에 와서 첫 번째 하고 싶은 도전으로 올레길을 선택한 이유이다.

제주에 온 첫 주일에 15코스를 선택했다. 시작점을 찾는 것부터 쉽지 않았다. 가까스로 찾아간 시작점에는 15코스 표지석과 간세가 있었다. 안내를 받기 위해 사무실에 들어서니 안내사가 상주해 있었다. 친절한 안내사로부터 간세의 의미와 화살표 방향을 보는 법, 리본의 역할 등에 대해 듣고 '올레 패스포트'도 구입했다. 안내사가 표지석 앞까지 따라 나와 패스포트에 스탬프 찍는 법도 가르쳐 주고, 첫 출발 기념으로 사진도 찍어 주었다. 출발하는 발길을 잡으며 200미터 정도를 지나도 리본이 보이지 않으면 길을 잘못 든 것이니 돌아와서 다시 리본을 따라가라는 조언은 지금까지도 유용한 팁으로 적용하고 있다.

올레길을 가는 방법도 다양했다. 나처럼 시계 방향으로 걷는 사람, 역방향으로 걷는 사람, 자전거를 타고 가는 사람, 오토바이로 가는 사람이 있다. 걸어서 가는 사람들도 걷는 유형이 각양각색이다. 매일 걸어서 전 코스를 한 번에 걷기도 하고, 일정한 기간 동안 코스를 나누어서 완주를 하기도 하고, 시간이 없으면 아름답다고 소문난 코스를 몇 개 골라서 걷기도 한다. 나는 일 년을 목표로 전 코스를 일주하기로 계획을 세웠다.

한림항에서 고내 포구까지 해안 길을 따라 걷는 15-B코스 13킬로를 5시간 정도 걸었다. 제주에서 가장 핫하다는 애월읍 해안도로를 따라 걷다 보니 경치가 가히 환상적이다. 8월의 따가운 햇살을 막아주는 제주 바람, 눈이 시릴 정도로 진한 쪽빛 바다, 바닷가 해변에 자리잡은 검은색 현무암 바위들, 밀려온 파도가 바위에 부딪혀 공중에 뿌려지는 하얀 물거품, 형형색색 단장한 이국적인 풍경의 카페들, 해안가 여기저기에 마련된 포토 존, 제주의 바다를 마음껏 느끼고 있는 청춘들, 어느 것 하나 빼놓을 수 없는 절경이다. 걷는 도중에 맛집을 찾아 여유롭게 혼밥도 하고 경치와 사람에 취해 해찰을 하다 보니 예상시간보다 오래 걸렸다.

처음에는 사전 준비가 덜되어 늦은 여름 뙤약볕에 화상으로 고생도 하고, 다리가 쑤셔 잠을 설쳤던 기억은 이제 옛 추억이 되었다. 집에서 가까운 곳부터 걷다 보니 제주시 지역 올레길을 먼저 걷기 시작하여 어느새 코스의 절반 정도를 걸었다. 올레길도 익숙해져서 시작점을 찾아 코스를 걷고 종점에서 다시 시작점으로 돌아오는 정도는 척척이다. 한 코스의 길이는 짧게는 10킬로에서 길게는 20킬로 정도이다. 10킬로까지는 별 부담 없이 걷지만 그 지점을 넘어가면 힘들다는 느낌이 들다가 15킬로를 넘어서면 왜 종점이 나오지 않나 하며 자꾸 거리를 확인하곤 한다. 그래도 종점 스탬프를 찍어야 한다는 일념으로 계속 걷다 보면 코스 표시 간세와 표지석을 만나게 된다. 돌아오는 길은 많이 지치고 힘들지만 제주와 좀 더 가까워졌다는 뿌듯함에 기분이 좋다.

올레길은 혼자 걷는 것도 좋지만 같이 걷기에도 좋다. 올레 축제 때 참가자들과 같이 19 코스를 걸었다. 반장과 부반장이 동행하며 코스에 대한 설명도 해주고 시간마다 휴식도 취하며 여유롭게 걷다 보니 그 지역에 대해 좀 더 세세하게 알게 되었다. 참가한 사람들은 제주뿐만 아니라 멀리 서울까지 전국 팔도에서 축제를 위해 왔다고 했다. 나처럼 처음 참여한 사람도 있고 매년 참여하는 사람들도 있었다. 반장님으로부터 쓰레기를 주우며 걷는 '클린 올레'도 해보라는 권유를 받았다. 함께한 사람들은 그간 올레길을 걸으며 보고 듣고 느꼈던 올레의 아름다운 모습을 조금이라도 더 알려주기 위해 피곤한 기색도 없이 설명을 해 주었다. 이런 분들이 있어 제주의 올레길이 많은 사람들로부터 사랑받고 있다는 사실을 알게 되었다.

  아직도 걸어야 할 코스가 많이 남아 있다. 늦여름에 시작하여 가을을 지나 겨울이 되었다. 겨울에 올레길을 걷는 것은 푸른 파도와 곶자왈, 오름의 아름다운 경치를 즐길 수 있는 낭만과는 거리가 멀다. 매서운 바닷바람과 추위에 맞서 한 걸음씩 전진해야 하는 고난의 행군과도 같다. 유채꽃 만발한 봄을 준비하기 위해 미리 체력 단련을 하는 과정이라 위안해 본다. 올레길 위에서 만나게 될 풍경과 사람들이 나를 설레게 한다. 제주가 준 선물에 제주에 대한 사랑을 온몸으로 표현하고 있다.

삼식이

은퇴 후 바깥에 나가지도 않고 삼시 세끼를 꼬박꼬박 챙겨 먹는 남편을 가리키는 신조어이다. 사랑하는 남편이 집에 있으면서 밥을 먹는데 왜 이런 비꼬는 표현이 만들어졌을까? 평소 남편이 집에 잘 들어오지 않는다며 불평불만이 많던 아내가 정작 남편이 집에 있기 시작하니 왜 이런 말을 하는 것일까? 보고 싶던 남편이 집에 같이 있어주면 좋지 않을까? 딱히 갈 곳도 없는 남편이 집에 좀 있겠다는데 왜 싫어하는 걸까? 해답은 멀리 있지 않았다.

30년 가까이 받기만 했다. 아내가 챙겨주는 밥상을 아무런 생각

없이 반복적이며 습관적으로 당연한 것처럼 여겨 왔다. 가끔 시간 여유가 있고 하고 싶은 마음이 생기면 식사를 대신 준비해 준 적이 있긴 했다. 그건 내가 하고 싶어서 한 것이지 하기 싫어도 의무이기에 한 적은 없었다. 반찬 걱정을 하는 아내의 넋두리를 들으면서도 그냥 있는 대로 챙겨주면 될 것을 왜 그리 걱정을 할까 생각하며 귀담아들으려 하지 않았다. 오히려 반찬 타박을 하지 않고 주는 대로 잘 먹어주는데 복에 겨웠다는 생각이 들기도 했다. 우리 집 남자 세 명은 아내가 챙겨주는 밥상을 받으며 살아왔다.

 평소 받기만 하는 나도 요리를 하는 경우가 몇 번 있다. 캠핑을 가면 식사 준비는 나의 담당이다. 장을 볼 때부터 여행 중 끼니를 계산해서 재료를 미리 준비한다. 아침은 전날 음주에 대비해서 콩나물국으로 준비하고, 점심은 우리나라 대표 요리인 라면이다. 저녁이 조금 복잡한데 캠핑의 꽃인 바비큐 파티를 위해 삼겹살과 소시지를 준비하고 찌개거리로 꽁치 통조림을 준비한다. 처음 캠핑을 갔을 때 직접 끓여 준 꽁치 통조림 김치찌개가 아내나 아이들로부터 호평을 받은 후로는 매번 빠지지 않는 메뉴가 되었다. 요리도 쉽고 실패 확률도 거의 없어서 지금까지도 나의 주 요리로 애용하고 있다.

　아내의 생일날에도 요리를 한다. 지금까지 아내의 생일 밥상만큼은 직접 준비하려고 노력하고 있다. 결혼을 하고 나서 아내가 자신의 생일상을 직접 준비하는 일만큼은 없도록 하겠다고 마음먹었다. 특별히 미역국은 정성을 다해 맛있게 준비하려고 노력하고 있다. 미역은 미리 씻어 불리고 소고기는 투 플러스 한우로 구입하여 불에 한번 볶아서 국을 끓인다. 매년 끓이다 보니 솜씨도 늘어서 미역국만큼은 어디에 내놓아도 괜찮은 요리로 자리잡았다. 가끔 기분이 내키면 일 년에 한두 번 정도 장을 봐서 음식을 준비하기도 하지만 그게 전부였다.

　제주 생활이 시작되었다. 사람은 매일 세 끼를 먹어야 한다는 사실을 깨닫기 시작했다. 내가 준비하지 않으면 끼니를 굶어야 한다는 것도 알게 되었다. 밥을 먹는다는 게 일상에서 가장 중요하고 시간도 많이 투자해야 하고 힘든 노동이라는 사실도 배우게 되었다. 퇴근을 하면 밥솥에 밥이 있는지 확인하고 뭘 먹을지 생각해야 한다. 유튜브를 보고 한 가지 요리를 하는 데도 한 시간 가까이 든다. 가까스로 반찬을 준비해서 혼밥을 하고 설거지까지 하면 1차가 끝난 것이다. 다음은 바로 아침 준비를 해야 한다. 아침 식사에 국이 있어야 하는 습관 때문에 매번 무슨 국을 끓여야 할지도 큰 고민거리이다. 점심은 회사에서 해결한다 해도 매일 아침과 저녁을 준비하고 주말에는 세 끼를 모두 준비해야 한다. 그러다 보니 일주일에 두 번은 마트로 장을 보러 가야 한다. 어떤 때는 일상이 먹는 것에 모두 매여 있다는 생각이 들기도 한다.

아내는 1주나 2주 정도에 한 번씩 제주에 온다. 남편이 굶지 않고 잘 먹고 사는지 살펴보러 오는 것 같기도 하다. 30년 노하우의 베테랑 아내는 주방과 냉장고를 쑥 둘러보는 것만으로도 내가 뭘 해 먹고 지냈는지, 굶지는 않고 잘 먹고 있는지 대충 아는 듯했다. 처음에는 잔소리가 많았으나 시간이 흐를수록 잔소리보다는 나에게 뭔가를 가르쳐 주려고 하는 듯한 느낌을 받기 시작했다. 요즘엔 요리에 소질이 있는 것 같다며 칭찬 세례를 쏟아붓고 있다. 장을 보러 가서도 직접 구매하지 않고 식재료를 고르는 법을 세세히 가르쳐 주고, 나로 하여금 직접 구매하게 한다. 양념도 기본적인 것 외에 여러 가지 맛을 낼 수 있는 다양한 양념과 재료를 구해서 사용법을 가르쳐 준다. 요리를 할 때에도 내가 대충 하는 것 같으면 재료 별로 요리하는 법을 세세히 알려준다. 주방의 용품이나 식기, 양념, 식재료들이 본가의 주방이나 다를 바가 없을 정도로 많아졌다. 제주에서도 대가족을 모시고 잔치를 치를 수 있을 정도가 되었다.

 이쯤 되니 뭔가 이상하다는 생각이 들기 시작했다. 아내가 진정 나의 식사를 걱정해서 이렇게 열심히 가르쳐 주고 있는 것인지에 대한 의문이 든다. 나를 주부로 양성하기 위해 교육을 시키고 있는 것 같다는 생각에까지 이른다. 아내는 나의 퇴직을 생각하고 있는 듯하다. 퇴직 후엔 일을 하고 싶지 않다는 말을 종종 하다 보니 행여 세 끼를 모두 집에서 먹을까 걱정을 하고 있는지도 모르겠다. 아내는 일찍 명퇴를 하여 제2의 직업을 준비하고 있다. 상황이 이렇다 보니 떨어져 지내는 김에 역할을 바꾸기 위한 사전 준비를 계획하고 있는 것 같은 의심이 들기도 한다. 그동안 수고해 준 아내를 위해 본격적인 주부 훈련을 해볼까 하는 생각이 들기도 하지만 아직은 선뜻 받아들이지 못하고 망설이고 있다. 남자의 마지막 자존심이라는 알량한 생각에 주저하고 있는지도 모르겠다.

 혼자 생활한 지 8개월이 넘다 보니 주부까지는 아니어도 주부 흉

내는 내는 것 같다. 좀 더 배워 살림 잘하는 주부가 될 것인지, 이쯤 해서 독신 생활에 불편함이 없을 정도만 배우고 말 것인지 고민 중이다. 다행인 것은 퇴직 후에 집돌이로 살아도 삼식이가 되거나 끼니를 거르지는 않게 되었다는 것이다. 제주가 준 선물이다.

불청객

제주에 온 후 신혼의 단 꿈을 꾸고 있었다. 30년 만에 둘만의 오붓한 시간을 보낼 수 있어 마냥 즐겁고 행복했다. 주말마다 찾아오는 아내와 올레길도 걷고 곳곳의 맛집도 다니고 이색적인 카페에서 살아온 이야기를 나누며 시간 가는 줄 모르게 지냈다. 아이들에 치여 정신없이 생활하던 아내도 제주에서의 생활이 너무 좋다고 하였다. 나도 주중에는 회사에 다니며 자유인으로 호젓한 생활을 즐기다가, 주말에는 아내와 같이 시간을 보낼 수 있어 최상의 주말부부 생활을 할 수 있었다. 꿈같은 시간이 지나면서 우리만 너무 재밌게 지내는 거 아냐 하는 불안함이 들기 시작했다. 달콤한 시간도 오래 가지 못했다. 불청객이 찾아온 것이다.

"저 여기 제주공항인데요, 좀 데리러 와 주실래요?" 막 퇴근을 하려는 데 전화가 왔다. 둘째 아이였다. 제주에 놀러 왔나 보다 생각하며 공항에 갔다. 가방을 메고 한 손엔 가방을 들고 또 한 손엔 캐리어를 잡고 있는 둘째를 보는 순간 아차 싶었다. "아니, 무슨 짐이 이렇게 많냐?" 자초지종을 들어보니 코로나로 학교가 폐쇄되고 비대면 수업이 길어지면서 너무 답답하여 당분간 제주에 머무르려고 왔다는 것이다. 가슴이 덜컹 내려앉으며 '그럼 나는?' 순간 많은 생각이 스쳐 지나갔다.

제주에 온 둘째는 화상으로 수업을 받고 과제도 하면서 나름 바쁜 생활을 하며 지냈다. 적적하던 집에 온기도 느껴지고 말동무도 되어주어 덜 외롭기도 하였다. 물론 대충 먹던 식사를 제대로 준비해야 하고, 일거리가 많아진 것도 사실이지만 불편함보다는 좋은 점이 많아서 괜찮았다. 서로의 생활은 간섭하지 않기로 약속을 하고 각자 자신의 일정대로 즐거운 시간을 보냈다. 시간이 지나면서 둘째가 누군가와 통화를 하는 모습이 자주 목격되고, 나에게 뭔가 숨기는 듯한 행동을 보이기 시작했다. 어느 날 퇴근을 하고 집에 와 보니 시커먼 곰 한 마리가 더 와 있었다. 첫째가 온 것이다.

둘째가 첫째를 꼬드긴 것이다. 아빠는 직장생활에 매여 바쁘기도 하고 아빠와 같이 지내는 게 무료하고 심심하다 보니 형을 불러들였다. 제주에 오니 엄마 잔소리를 듣지 않아도 되고, 구경할 것도 먹을 것도 많고, 날씨도 따뜻해서 생활하기 좋다는 온갖 좋은 말로 설득을 한 것이다. 한 명과 두 명은 전혀 다른 차원이었다. 시커먼 곰 두 마리가 있다 보니 집은 비좁아지고, 한 끼 한 끼 먹는 양도 엄청나고, 빨래와 청소로 하루하루가 어떻게 지나가는지 모를 지경이 되었다. 취미생활도 힘들어지고 자유를 만끽하던 주중도 가사에 반납을 해야 한다. 완전한 주부가 되었다.

육지에서 전화가 왔다. 두 아들을 데리고 있느라 고생이겠다는 걱정 어린 아내의 목소리가 밝고 경쾌하게 느껴진다. 아이들이 없으니 허전하고 적적하다는 말도 전혀 가슴에 와닿지 않았다. 친구도 만나고 취미생활도 하며 전보다 더 바쁘고 재밌게 지내고 있는 모습을 보면 마음에도 없는 소리로 들린다. 제주에 오는 간격도 조금씩 길어지기 시작했다. 의기소침하던 둘째도 형이 오니 얼굴이 밝아졌다. 원래 의기투합이 잘 되는 형제라 같이 공부도 하고 여행도 다니고 가끔 외식도 하면서 하루하루 재밌고 즐겁게 지낸다. 첫째도 처음에는 답답해하더니 시간이 흐르면서 오랜만에 바쁜 생활에서 벗어나 생각할 시간도 많고 자신의 시간을 가질 수 있어서 좋다고 한다.

그러고 보니 문제는 나에게 있나 보다. 모두 다 즐겁고 행복해하는데 나만 힘들고 답답하고 즐겁지가 않다. 아내가 오면 구석구석 집안 청소도 하고, 밀린 빨래도 하고, 이곳저곳 장을 봐서 반찬 준비하느라 정신이 없다. 나와 같이 시간을 보낼 여유가 없어졌다. 틈틈이 나의 기분을 맞추어 주려고 애를 쓰기도 하지만 전처럼 즐겁지가 않다. 아내는 곰 세 마리가 지낼 살림 보충을 어느 정도 마치면 무척 아쉬운 표정을 지으며 제주를 떠난다. 제주 살림은 온전히 나의 몫으로 남는다.

고된 살림살이가 한계치에 다다를 무렵, 이를 해결하기 위한 특단의 대책을 발표했다. 아침 식사는 같이 해야 하고, 자신의 옷이며 물건들은 항상 정 위치에 두어야 하고, 빨래와 설거지도 순번을 정해 같이 하기로 하였다. 이 정도면 본가에서 생활하는 거나 별반

다를 게 없어 보였다. 아이들도 조금씩 불평불만을 토로하며 제주에서의 생활을 힘들어하였다. 조만간 좋은 소식이 있을 거라 기대하며 조금의 실수에도 엄마를 능가할 잔소리를 하였다. 기대와 달리 시간이 지나면서 역효과가 나오기 시작했다. 아이들은 일찍 일어나서 정리 정돈도 잘하고 집안일도 분담해서 열심히 하였다. 제주에 살기로 작정한 모양이다.

하루는 아이들에게 넌지시 물어봤다. "전주에서 할 일이 많지 않냐? 학교도 다녀야 하고 친구들도 보고 싶을 텐데" 첫째가 의도를 눈치챘는지 "저희들이 와서 힘드시죠?"라고 한다. 내 생각을 알아챈 것 같아 내심 안도하며 잔뜩 긴장한 표정으로 다음 말을 기대하였다. "친구도 만나고 싶고 집에 가면 편하긴 한데 여기서 지내면서 취업 준비를 하려고요." 둘째도 한마디 거든다. "올해도 저희 학교가 비대면 수업으로 진행해서 딱히 학교에 갈 일이 없어요. 저도 여기에 있으면서 수업도 받고 공부도 좀 하려고요." 둘이 입이라도 맞춘 듯 마지막 말이 걸작이다. "아버지에게 불청객은 안 되게 잘할게요." 웃어야 할지, 울어야 할지 표정관리가 어렵다. 곁에 있던 아내는 세상 행복한 표정으로 웃고 있다.

자화상

 이른 아침 시내버스 정류장으로 향했다. 아빠와 아들은 둘 다 말이 없이 걷기만 했다. 시내버스가 정류장에 다가오자 "아빠, 그동안 너무 고마웠습니다. 여기 있는 동안 많이 생각하고 변화하고 성장했습니다. 아빠와 함께한 시간을 잊지 못할 거예요." 둘째가 나를 꼭 안아주고 시내버스에 올라탔다. 둘째가 제주를 떠났다. 작년 12월에 들어왔으니 정확히 7개월 만에 출도 하였다.
 어느 날 커피숍에서 아이스 아메리카노를 주문했는데 카드 잔액이 없었다고 한다. 급히 엄마에게 전화를 하여 송금이 될 때까지

가게에 잡혀 있으면서 정말 부끄러웠단다. 내가 여기서 무엇을 하고 있는 거지? 이 나이가 되어서도 무계획하게 생활하며 부모에게 손이나 벌리는 자신이 한심했다고 한다. 이건 아니다 싶은 마음에 무작정 제주로 왔다고 했다. 특별한 계획이나 목표를 세우지도 않고 현실 도피의 심정으로 도망쳐 왔다고 했다.

40년 전, 앞이 보이지 않는 막막한 삶의 터널에서 벗어나기 위해 법전을 들고 밥상을 메고 시골 외할머니 댁으로 향했었다. 아버지가 공장 노동자인 고단한 현실에서 벗어나기 위해 발버둥 치는 심정으로 새로운 길을 찾아 나선 것이다. 그렇게 시작했던 고시낭인 생활 4년은 결과를 얻지 못하고 미완의 도전으로 끝났다. 물론 그때의 노력이 지금 생활의 디딤돌이 되긴 하였지만 아쉬움이 남는 건 어쩔 수 없다. 가방 하나 덜렁 메고 제주에 있는 나를 찾아온 둘째를 보니 상황은 다르지만 그때 나의 심정이 아니었나 싶다.

제주 생활의 가장 큰 매력은 나를 찾을 수 있다는 것이다. 육지에서 그리 멀지 않은 거리에 있지만 제주에 있는 것만으로도 지금까지의 삶과 조금 멀리 떨어질 수 있는 좋은 기회가 된다. 제주에 처음 왔을 때 나 홀로 있는 것 같은 느낌이 좋았다. 복잡한 도시에서 벗어나 다른 사람이나 환경에 속박되지 않고 나만 바라볼 수 있어서 좋았다. 물어보지는 않았지만 둘째도 제주에 와서 그런 느낌을 받았을 거라 생각한다.

둘째는 다음 날부터 출근시간에 같이 집을 나섰다. 가방 하나 메고 탐라도서관으로 향하는 모습을 보며 자신의 길을 찾아 떠나는 나의 모습을 보았다. 아직 어리다고만 생각했는데 어느새 청년이 되어 있었다. 남자 둘이 생활하는 건 처음이라 어색하고 서툴기만 했다. 혼자 살 때야 대충 끼니만 때우며 생활해도 되지만 아들이라는 상전을 모시고 있으니 매끼 반찬도 준비하고 식사도 대충이 아닌 제대로 해야만 했다. 자신을 찾기 위해 놀고먹는 대학생 포스를 포기하고 왔다는데 먹는 것이라도 신경을 써주고 싶었다. 심지어 퇴근하고 나만의 즐거움을 찾아다니던 솔로의 낭만도 눈치가 보여 마음대로 하지 못하게 되었다. 가끔 외식도 같이 하고 산책도 같이 하면서 조금씩 둘째를 알아 가기 시작했다. 큰 애에 치여 여행 한 번 같이 하지 못하고 변변히 차 한 잔 같이 하지 못했던 둘째의 모습이 보이기 시작한 것이다. 마음이 따뜻하고 사고가 깊고 상대에 대한 배려심이 깊은 아이였다. 이성적이고 추진력이 뛰어나며 묵묵히 자신의 일을 해내는 그런 아이였다. 미처 몰라보았던 보석을 발견하는 시간이었다.

  책도 사고 인터넷 강좌도 신청하면서 공부에 열중하기 시작했다. 여태 그렇게 열심히 하는 것을 곁에서 보지 못한 터라 내심 놀라웠다. 그러더니 취업 준비를 해 보겠다고 했다. 대체 과목인 영어와 한국사 시험에 응시했다. 영어는 떨어지고 한국사는 1급에 단번에 합격을 하였다. 요점 정리를 했다는 노트를 보니 합격은 너무 당연했다. 영어도 다시 응시하여 자격을 취득했다. 공부에 남다른 소질이 있다는 사실도 알게 되었다. 내친김에 본격적으로 공무원 시험 준비를 하겠다며 도서관에서 독서실로 자리를 옮겼다. 눈만 뜨면 독서실로 달려갔다. 잠자는 시간을 제외하곤 온전히 공부에 매달렸다. 어디서 그런 끈기가 나오는지 놀라울 뿐이었다. 마지막 2주는 정말 힘들어 보였다. 힘듦을 쏟아낼 만도 한데 아무 말 없이 묵묵히 견디어 냈다. 둘째를 보며 내가 합격을 하지 못한 이유를 알게 되었다. 나를 닮은 아들이 아닌 나를 뛰어넘는 청출어람의 모습을 본 것이다.

  떠나기 전날 커피 한 잔 같이 했다. 힘들 때도 있었지만 행복했다고 했다. 인생 맥주 가게에 같이 갔을 때가 정말 좋았다는 이야기, 자기가 헌혈해서 받은 상품권으로 햄버거를 나눠 먹은 이야기, 칼집 삼겹살이 가장 맛있었다는 이야기, 안주는 역시 곱창이 최고라는 이야기들을 하면서 잠시 제주에서의 둘만의 기억을 떠올리기도 했다. 제주에 있는 동안 자신에 대해 돌아보고 앞으로 어떻게 살아야 하는지에 대해서도 생각하게 되었다고 했다. 앞으로는 이렇게 오랜 시간을 같이 있을 기회가 없을 것 같아 아쉽다고 했다. 제주에서의 시간들이 힘들 때 많은 힘이 될 것 같다고도 했다. 담담하게 풀어내는 7개월의 여정이 따뜻하게 다가왔다.

시험 당일 통화를 했다. 둘째가 꼭 합격을 하면 좋겠다는 말을 했다. 나는 마음속으로 대답해 주었다. "너는 충분히 열심히 했고, 최선을 다했다. 결과도 중요하지만 과정도 의미 있고 중요하다. 너는 과정에 충실했고, 과정을 통해 성장하고 성숙했다. 아빠는 그것으로 충분하다."

평생 수강생

전보가 되어 타 지역에 가면 맨 먼저 대학교 탐방을 시작한다. 제주도에는 제주대학교와 제주관광대학교, 제주한라대학교, 제주국제대학교가 있다. 대학교라는 말만 들어도 청춘의 열정이 꿈틀대고 학창 시절의 멋진 기억들이 떠올라 묘한 매력이 있다. 일상이 힘들거나 삶이 버거울 때면 홀로 학교를 거닐며 위로받고 버틸 수 있는 힘을 얻곤 했다. 출근 전에 잠시 들르는 교정의 아침은 이른 시간임에도 학생들의 왁자지껄한 소리와 힘찬 발걸음으로 항상 생기가 넘쳐 그 속에 함께 하는 것만으로도 치유되고 힐링이 되는 곳이다. 꿈과 희망이 있고, 절망을 기대로 바꾸어 주며, 과거의 나를 현재의 나로 성장시켜 준 곳이었다. 그래서 평생 동안 대학교를 가까이했다.

　직장생활을 하면서도 대학교와 함께 했다. 석사와 박사 학위를 받았고, 매 학기 평생교육원에서 자기 계발을 위한 강의를 들었다. 문예반, 통기타반, 스포츠댄스반, 실용 음악반, 시 창작반, 서예반, 성악반, 영어회화반…. 일일이 나열할 수 없는 정도로 많은 강좌를 짧게는 한 학기, 길게는 여러 해 동안 수강했다. 제주에서도 필요한 것을 배우기 위해 대학교 평생교육원을 찾았다. 예전에 배웠던 강좌가 취미 생활이나 즐거움을 위한 것이었다면 이번에 수강을 하려는 강좌는 선택의 기준이 달랐다. 정년을 앞두고 퇴직 준비를 위한 교육이 필요했던 것이다.

　제주한라대학교에서 동영상 제작 강좌를 수강했다. 출간 후에 책 읽는 영상을 찍어 유튜브에 올리는 계획을 세웠다. 강사님은 직업이 있으면서 근무 시간 외에 동영상 제작 강의를 하는 분이었다. 동영상 제작은 파워디렉터 프로그램을 이용하여 진행되었다. 컴퓨터도 잘 모르는데 영상 편집까지 하려니 쉬운 일이 아니었다. 그래도 내가 만든 영상을 유튜브에 올려보고 싶은 욕심에 포기하지 않고 수료를 했다. 첫 영상을 제작할 때가 아직도 기억이 난다. 사진과 목소리, 글자를 삽입하고 잘라내고 지우고 이어가기를 수차례 반복하며 이틀에 걸쳐 완성을 했다. 영상 제작은 기술이나 지식도 중요하지만 엄청난 끈기를 요한다는 사실을 알게 되었다. 미숙하지만 내 손으로 동영상을 제작하여 유튜브에 올렸다는 사실이 대견하고 기뻤다. 그 후 출간한 수필집의 작품을 한 편씩 낭독하고 올레 코스를 거닐며 찍은 사진을 배경으로 동영상을 제작하여 유튜브에 올렸다. 유튜버가 된 것이다.

제주대학교에서 글쓰기 강좌를 수강했다. 강사인 차영민 작가는 제주도 애월리에 있는 편의점에서 알바를 하며 겪었던 이야기를 《달밤의 제주는 즐거워》 수필집으로 출간하였으며, 소설가이면서 방송작가로 활동하고 있다. 제주에 가서까지 글쓰기 강의를 수강한 이유가 있다. 제주도의 일상을 소재로 한 작가의 글을 읽으며 제주를 조금 더 알고 싶기도 하고, 작가님이 매우 젊은 분이어서 나의 필력도 조금 생기 있고 젊어지면 좋겠다는 바람도 있었다. 강의 내용이 이론 수업도 병행해서 글을 쓰기 시작하고 처음으로 글쓰기에 대한 체계적인 공부를 할 수 있는 기회도 되었다. 수강 과정에서 출간된 나의 책을 작가님에게 드리고, 작가님도 자신의 책을 선물해줘서 서로 사인을 하고 교환하는 영광을 누렸다.

 스피치 강좌도 수강을 했다. 서울에서 아나운서로 활동하다 제주에 정착한 제주 스피치 정감 신선희 강사로부터 스피치 교육을 받았다. 어릴 때부터 남들 앞에서 말을 하지 못하는 중병을 앓고 있던 터라 스피치는 오랫동안 아킬레스건으로 남아 있었다. 끈질긴 노력으로 조금 나아지기는 하였어도 여전히 남들 앞에서 말을 하는 건 스트레스이고 심적 부담이 많았다. 시간적 여유가 있는 제주에서 심화 과정을 해보고 싶었던 차에 딱 맞는 강좌가 있어 신청을 했다. 기존의 스피치 강의와 달리 주제를 주고 글을 써오도록 하여 낭독하게 하고, 이를 영상으로 녹화하여 공유하며 피드백을 해주니 말할 때의 장단점을 확실히 알 수 있었다. 후반부에 가면서 시간을 정하고 그 시간에 맞추어 자신의 의견을 말하도록 하는 훈련도 했다. 자신의 생각을 자신이 컨트롤하면서 대중에게 전달하는 매우 효과적인 방법이었다. 종강 수업은 카페에서 진행하여 스피치에 대한 수강생들의 생각을 들을 기회가 있었다. 정도의 차이는 있으나 대부분의 사람들도 사람 앞에서 말을 하는 것에 대한 두려움이 있다는 사실을 알게 되어 조금은 위안이 되기도 했다. 다음 학기에도 수강을 하려고 하였으나 육지로 출도를 해야 해서 못내 아쉬움으로 남아 있다.

 기타 학원도 다녔다. 기타를 치며 노래 부르는 것을 좋아하여 제주에서도 손을 놓지 않았다. 연주 스킬도 배우고 연습도 게을리하지 않기 위해 학원 등록을 하고 열심히 다녔다. 학원이다 보니 초등학생을 비롯하여 학생들이 많았다. 어릴 적부터 기타를 배우는 학생들을 보니 무척 부러웠다. 50이 넘은 나이에 시작하다 보니 실력이 늘지도 않고 열정도 모자라서 내내 제자리걸음이다. 당시 환경에는 어쩔 수 없었지만 어릴 때 악기 공부도 시켜주었으면 훨씬 더 잘할 수 있었을 텐데 하는 아쉬운 마음도 있었다. 힘들 땐 그만 둘까 하는 마음도 여러 번 있었으나 놓지 못하고 꾸준히 하고 있다. 통기타는 지칠 때 위로가 되고, 혼자 있을 때 함께 놀아주고, 타인과 소통할 수 있는 통로 역할을 해주는 가장 친한 친구다. 통기타가 있어 힘들고 외롭고 치열한 세상을 잘 견디고 있다.

 직장에 다니다 보니 꼭 받고 싶은 강좌가 있어도 주간에는 수강을 할 수 없고 야간 수업만 받을 수 있다. 퇴근 시간에는 차량이 몰려 교육원까지 가는데 시간이 많이 걸린다. 수업이 있는 요일에는 근무 시간이 끝나면 바로 교육원으로 달려간다. 수업이 늦게 끝나므로 수업 전에 저녁 식사를 해야 한다. 1인 식사가 가능한 식당을 찾아보지만 많지 않아 주로 편의점을 이용한다. 학생들 사이에 끼어 편의점 한구석에서 김밥이나 컵라면을 먹으려니 처음에는 많이 어색하고 눈치도 보였으나 이제 일상이 되었다. 혼자 먹기에는 편의점보다 좋은 곳이 없다.

  많은 사람들이 평생교육원을 애용하고 있다. 인기 있는 강좌는 접수를 시작하자마자 마감이 되므로 일찍 준비하였다가 신청을 해야 한다. 강좌 수도 굉장히 많고 신설되는 강좌도 많다. 교육원의 매력은 강좌가 다양하고 비용도 저렴하며, 대학에서 운영하므로 교육 과정이 체계적이고 강사도 철저히 검증하여 관리하고 있다. 사람들이 수강하는 강좌를 보면 그 사람이 앞으로 어떤 삶을 살기 원하는지 알 수 있다고 한다. 나도 그동안 수강한 강좌의 내역을 보면 앞으로 걸어갈 길을 보는 듯하다. 많은 사람들이 대학교 평생교육원에 다니며 학습도 하고 취미 생활도 하고 노후 준비도 하고 있다. 나도 평생교육원에서 미래 준비를 하고 있다. 평생 수강생이다.

다시 그 길 위에
서고 싶다
– Camino de Santiago

chapter 4

처음 '산티아고'에 대해 들었을 때에
스페인이 아닌 칠레의 수도로 알고 있었으니
나의 무지함도 어지간하였다.
그 후 산티아고에 대해 조금씩 알게 되었고,
언젠가 산티아고의 순례길 위에 서 있는
나의 모습을 상상하기 시작했다.

다시 그 길 위에 서고 싶다
— Camino de Santiago —

비행기가 몽골 상공을 지나가고 있다. 일 년 전, 아내가 텔레비전을 보다가 "우리 저기 가볼까?"라고 무심히 던진 말이 우리를 여기에 있게 하였다. 처음 그 말을 들었을 때만 하여도 그곳이 어디인지도 알지 못했고, 왜 가보자고 하는지도 몰랐다. 그해는 아이들 수능 준비로 바쁜 시간을 보내고, 아내가 뜻밖의 장기 외출을 하면서 그곳에 대한 기억도 흐려지고 있었다. 그러다가 나에게 무척 힘든 일이 일어났다. 혼자 감당하기 어려울 정도도 심적으로 고생을 많이 했다. 그곳에 가보고 싶다는 생각이 다시 피어오르기 시작했다.

처음 '산티아고'에 대해 들었을 때에 스페인이 아닌 칠레의 수도로 알고 있었으니 나의 무지함도 어지간하였다. 그 후 산티아고에 대해 조금씩 알게 되었고, 언젠가 산티아고의 순례길 위에 서 있는 나의 모습을 상상하기 시작했다. 정확히 왜 산티아고에 가고 싶은 건지도 모른 채 그저 막연하게 순례길을 걷고 싶다는 생각을 하게 되었다.

여행을 준비하면서 처음 만난 어려움은 경비를 마련하는 것이었다. 일단 지출하고 후에 변제하는 방법을 택하기로 했다. 산티아고가 아니면 감히 엄두도 내지 못하고 생각도 하지 못할 일이다. 순례길이라는 숭고한 단어 앞에 다른 모든 것은 한낱 세속적인 것 같고, 회피하기 위한 구차한 변명같이 여겨졌다. 이번이 아니면 앞으로 오랜 시간 동안 산티아고에 갈 수 없다는 생각에 앞뒤 따지지 않고 떠나기로 마음먹고 덜컥 비행기표를 예약했다. 표를 예약하고 나니 마음이 편안해지고 꼭 해야 할 일을 하기 시작한 것 같은 생각이 들었다.

순례 기간을 정하는 데도 다소 우여곡절이 있었다. 처음에는 무조건 800킬로를 모두 걷기로 마음먹었으나 계획이 구체화되면서 여건상 40일의 일정은 무리라는 결론에 이르게 되었다. 그렇다고 순례 자체를 미루면 다시 실행하는데 너무 오랜 시간이 걸릴 것도 같고, 자칫 못 갈 수도 있다는 생각에 일단 20일의 일정으로 가기로 하였다.

문제는 체력이었다. 800킬로 전 구간을 걷는 것은 아니고 12일간 300킬로를 걷는 것이지만 평소 운동을 즐겨 하지 않는 우리에게는 다소 버겁기도 하고 살짝 두렵기도 하고 걱정도 되는 도전이었다. 레온부터 300킬로를 걷기 위한 체력을 준비하기 위해 매일 저녁 아내와 같이 체련공원을 한두 시간씩 걷기 시작했다. 많은 이야기를 하며 서로에게 무심했던 부분을 알아가기도 하고, 가끔은 아무런 말도 없이 그저 걷기만 하며 자신의 내면을 바라보기도 하면서 산티아고 길 위에 섰을 때의 모습들을 그리며 우리 둘의 과거와 현재, 미래에 대해 생각하고 이야기하며 공유하였다.

누가 그랬던가? 목표를 이룬 후보다 이루기 위한 과정이 더 행복하고, 여행도 가기 전 준비과정이 더 설레고 행복하다고. 순례길을 준비하면서 순례길을 가고자 했던 이유들을 조금씩 찾아가며 채워가고 있는 것은 아닌가 하는 생각이 들었다. 이미 우리는 산티아고의 순례길을 걷고 있었던 것이다.

복병이 생겼다. 사고가 터진 것이다. 산티아고에 갈 수 있을지 걱정이 되었다. 내가 할 수 있는 건 기도뿐이었다. 문제를 해결하여 가는 과정이 힘들고 어려웠다. 그만두고 싶은 마음이 들기도 했다. 나는 새벽을 열며 성전에 앉아 산티아고의 길 위에 세워 달라고 주님께 간절히 기도했다. 일이 조금씩 정리되어 갔다.

인터넷을 통해 배낭, 침낭, 스틱, 우의, 수저 등을 구입하고, 매장에서 등산화와 샌들도 구입했다. 아는 형제님이 구급약도 보내주었다. 회사에 연가 신청도 했다. 모든 준비가 순조롭게 진행되었다. 아내의 얼굴은 그 어느 때보다 밝고 활기찼다. 항공도 예약해야 하고, 숙박도 예약하고, 이런저런 준비를 하느라고 힘들고 짜증도 날 텐데 전혀 그런 기색이 없이 마냥 어린아이처럼 싱글벙글한 모습이다. 저녁에 만나면 하루 종일 산티아고를 위해 준비한 내용도 알려주고, 여행에 대한 팁도 알려주며 종달새처럼 즐겁게 노래하는 듯했다. 이처럼 행복하고 밝은 모습을 오랜만에 보는 것 같았다. 준비 과정을 통해 주님의 사랑을 배우고 주님의 은총을 받고 있었던 것이다.

여행을 떠나면서 가장 큰 걱정은 집에 남아 있는 아이들이었다. 물론 잘하리라 믿으면서도 아직 아이들을 믿지 못하는 마음이 컸던 것이다. 이제 아이들도 다 컸으니 잘하리라 믿고 맡겨야 하는데 아직도 아이들을 대하는 태도가 조금도 변하지 않고 있었던 것이다. 이번 여행을 계획하면서 아이들만 두고 가는 것이 가장 마음에 걸리기도 하면서도, 아이들에게 정말 좋은 시간이 되리라는 기대도 하였다. 그동안 말로만 아이들을 믿는다고 한 것에 대해 실제 아이들을 믿을 수 있는지를 확인해 보고도 싶고, 우리가 없는 동안에 아이들이 어떻게 지낼지, 가족에 대해 어떤 생각을 하며 지낼지도 기대되고 궁금했다. 우리가 없는 동안 아이들도 같이 성장하길 바랐다.

아이들이 공항버스 터미널에 동행해 주었다. 우리의 마음을 아는지 아무 걱정 하지 말고 건강히 다녀오라고 한다. 예전엔 우리가 아이들을 배웅해 주었는데 이번엔 우리가 아이들의 배웅을 받으며 떠나게 되니 아이들이 많이 컸다는 생각이 든다. 우리가 배웅해 주었을 때 아이들도 지금의 우리와 같은 마음이었을 것이란 생각에 마음 한 켠이 뭉클했다.

— Camino de Santiago —

2018년 9월 26일 13시 15분, 인천공항에서 출국 수속을 마치고 러시아 항공을 탔다. 공항에 올 때마다 드는 생각이지만 삶을 좀 즐기면서 살 수 있는 여유가 있었으면 하는 아쉬움이 든다. 환승을 포함하여 16시간의 비행이 시작되었다. 구름 사이로 떠오른 무지개를 보며 아내의 손을 살며시 잡아본다. 모스크바에서 환승을 하여 마드리드행 스페인 비행기를 탔다. 스페인 노인분들로 가득했다. 아마 모스크바로 단체 여행을 다녀오는 것 같았다. 이륙을 하니 노인분들이 모두 자리에서 일어나 통로를 걷거나 서 있는 진풍경이 연출되었다. 여행은 조금이라도 젊었을 때 다녀야겠다는 생각이 든다. 한국에서 멀어질수록 자신이 점점 작아짐을 느낀다. 한국인도 점점 보이지 않게 되고, 언어도 못 알아듣는 말들이 많아지면서 주위 환경이 낯설어지고 나와 아내 둘만이 무인도에 남겨진 것 같았다.

마드리드에 도착하여 예약한 한인 호스텔을 찾아 짐을 풀었다. 자유여행을 하고 있다는 한국에서 온 학생들을 만났는데, 다음 일정은 미국으로 간다고 했다. 많은 사연과 어려움이 있겠지만 젊었을 때 몸으로 세상을 마주하고 있는 젊은이들이 부러웠다. 학생들의 도움으로 돌아오는 날의 숙소를 예약하고 긴 하루의 일정을 마치고 자리에 누웠다. 남의 도움 없이 둘만의 힘으로 이곳까지 온 것이 정말 대견하고 꿈만 같았다.

— Camino de Santiago —

다음날 새벽, 일찍 눈을 떴다. 피로 탓인지 시차의 변화에도 잘 잤다. 레온으로 가는 방법을 두고 상의한 끝에 새로운 시도를 해 볼 생각으로 지하철을 타기로 했다. 역 자동판매기에서 표를 사고

지하철을 탔는데 아뿔싸 반대로 간다. 허겁지겁 내리려는데 문이 열리지 않아 당황하고 있는데 옆에 있는 사람이 손잡이를 잡고 가볍게 여는 것이다. 스페인 지하철은 자동문이 아니었다. 우린 서로의 얼굴을 보며 한참 웃었다. 실수마저도 재밌고 즐거웠다. 우여곡절 끝에 남부터미널에 도착해서 표를 끊고 샌드위치와 커피, 코크로 아침 식사를 했다. 다소 실수도 하고 황당한 일도 있었지만, 아내는 우리가 너무 잘하고 있다며 즐거워했다.

   우리는 자력으로 비행기도 타고, 지하철도 타고, 이제 시외버스까지 탔다. 여행하는 사람들의 로망이라는 자유여행을 할 수 있는 용기와 자신감을 조금씩 갖기 시작한 것이다. 창문 너머 스페인의 풍경은 가을로 접어든 드넓은 초원지대가 추수를 끝낸 후라 황량하게 느껴지기까지 했다. 스페인은 우리나라와 인구는 비슷한데 넓이가 다섯 배나 되다 보니 어딜 가도 탁 트인 풍경은 부러움과 동경의 대상이었다.

   레온에 있는 산타마리아 베네딕트 수도원에 도착해서 침대를 배정받고 간단한 정비를 마치고 관광열차로 도시 탐방을 했다. 유럽

임을 실감케 하는 건축물들이 가득했다. 특히 모든 식당과 주점이 길가에 의자를 내놓고 장사를 하는 모습이나, 한낮부터 사람들이 술을 마시고 길거리를 다니면서도 자연스럽게 담배를 피우는 모습은 내가 상상했던 유럽과 다른 이미지여서 낯설게 보였다. 선진국이라는 나라가 이런 것인지, 아니면 내가 선진국에 대해 잘못 알고 있는 것인지 혼란스러웠다.

저녁에는 레온 성당에서 미사를 봤다. 미사는 어디서나 똑같다더니 한국에서의 미사와 똑같이 진행되었다. 미사 내내 주님의 은총과 축복이 가득함을 느낄 수 있었다. 우리와 같은 여러 명의 순례자들이 미사에 참여했고, 평화의 인사를 나누는 얼굴에 웃음과 기쁨이 넘치는 걸 볼 수 있었다. 신부님이 순례자들을 위해 개개인에게 은총을 내려주셨다. 수도원 앞마당에 앉아 하늘의 별을 보며 우리의 갈 길을 잘 인도해 주길 바랐다.

수도원 알베르게는 매일 세계 각지에서 오는 180명 정도가 생활하고 있는데, 남녀 구분만 있는 두 방에서 불평이나 불만 없이 잘 지내다 떠난다고 하니 신기했다. 여기에 오는 사람들은 편안함이나 이기심은 모두 내려놓고 각자 얻고자 하는 소망이나 깨닫고 싶은 의미를 간직하고 이 길에 들어섰기 때문일 것이다. 나는 과연 이 여정에서 무엇을 찾게 될까?

— Camino de Santiago —

4일째, 순례길의 첫날이다. 간단히 빵과 커피로 식사를 마치고 순례자들을 따라 길을 나섰다. 걷기 시작한 지 얼마 되지 않아 뭔가 잘못되었음을 직감했다. 나의 배낭 11㎏, 아내 배낭 6㎏, 배낭의 무게가 너무 버거웠고, 앞으로 걸을 길이 만만치 않을 거라 느끼기에 그리 오랜 시간이 필요하지 않았다. 시간이 흐를수록 다른 순례자들을 따라가지 못하고 뒤처지기 시작했다. 이렇게 300킬로를 걸어야 한다는 현실이 마음을 무겁게 조여 왔다. 그래도 계획했고 오래 준비한 거라 포기한다는 생각은 전혀 하지 않았다. 어떻게 하면 이 어려움을 극복하고 계획대로 향로 미사를 볼 수 있을까에 생각이 집중되었다.

길도 헤매고 점심도 굶고 고생 끝에 지자체에서 운영하는 알베르게에 도착했다. 첫날 고생한 기억은 아직도 하기 싫은 기억 중의 하나다. 미리 와 있던 사람들의 도움으로 수속을 마치고, 순례 정보도 얻고, 간단한 정비 후에 가벼운 마음으로 맥주도 한잔 했다. 스페인의 가을 날씨는 전형적인 한국의 가을 날씨와 같았다. 매일 하루의 고행을 마치고 간단한 샤워와 세탁 후에 따사한 햇살 아래 정원에서 즐기던 한가함과 여유로움은 여행 후에도 잊지 못하는 백미 중의 하나이다.

 이번 일정을 마치기 위해서는 계획을 수정해야 했다. 길을 걷다 보면 무게의 고통으로 안내 책자마저 지나온 부분은 찢어 버렸다는 형제님의 고언을 간과한 것이다. 현재 짐의 무게로는 완주도 어렵겠지만 아내의 건강에 치명적인 상처를 줄 수 있어서 안전하게 걷기로 마음먹었다. 조금 더 가보자는 아내의 말을 무시했다. 숙소에서 만난 순례자들로부터 힘들 땐 배낭을 다음 목적지로 보내는 '동키'라는 방법과 어려운 코스는 건너뛰며 가는 방법이 있다는 사실도 알게 되었다. 선택의 기로에 섰으나 둘 다 마음에 들지 않았다. 고민 끝에 배낭의 무게를 줄이기로 했다. 이번 여행이 고행이 아닌 행복한 시간으로 오랫동안 기억될 수 있도록 최소한의 물건만 지니기로 했다.

— Camino de Santiago —

　5일째, 오늘은 짐을 최대한 줄이기로 했다. 아스토리아에서 속옷 세 벌, 양말 세 켤레, 겉옷 두 벌, 바람막이 한 벌, 침낭, 안내서, 수저, 포크, 랜턴, 샌들, 약을 빼고 나머지 짐은 우체국 택배를 이용하여 산티아고로 보냈다. 조금 비웠음에도 날아갈 듯이 가벼워져 걷는 속도도 빨라졌다. 그러자 둘이 이야기도 나누고 사진도 찍고 경치도 볼 수 있는 여유가 생기며 다시 환하게 웃을 수 있게 되었다. 성 프란치스코 성당을 둘러보면서 다시 한번 이 길을 오게 된 이유를 새겨보았다. 시민들처럼 광장 파라솔 아래 앉아 점심을 먹으며 잠시나마 순례자가 아닌 관광객의 모습이 되어보기도 했다.
　잠시의 여유를 아쉬워하며 다시 발걸음을 재촉하여 산티아고로 향했다. 배낭 무게가 조금 가벼워져 발걸음은 한결 가벼워졌지만 그래도 하루 종일 걷는다는 것은 결코 만만한 일이 아니었다. 사설 알베르게에 도착하여 짐을 풀고 슈퍼에서 과일과 라면을 구입하여 저녁 식사 준비를 해서 먹었다. 그곳에서 생장부터 혼자 여행 중이라는 어린 한국 여학생을 만났다. 이번 여행을 위해 빕스에서 1년간 일하면서 경비를 모으고 6개월 전에 저렴하게 항공권도 구입하여 자력으로 왔다고 했다. 그 학생에게 펼쳐질 미래의 삶이 궁금했다.

— Camino de Santiago —

6일째, 오늘은 산을 두 개나 넘어야 해서 새벽 일찍 출발했다. 해 뜰 때까지 어두컴컴한 산속을 손전등에 의지하여 걸었다. 멀리서 들리는 짐승 소리에 가슴 졸이면서도, 촘촘히 박힌 아름다운 별과 멀리 지평선 위로 떠오르는 해를 보며 힘든 줄 모르고 걸었다. 카페에서 아침을 먹고 다시 걸었다. 여행 자체가 걷는 것이지도 하지만, 오늘 하루 끝없는 길을 정말 많이 걷고 걸었다. 아내는 무릎에 무리가 와서 무척 고생하며 힘겹게 산을 넘었다. 계속 걸으면서 많은 생각이 오고 간다. 이 여행을 위해 애써준 형제님, 곁에서 응원해 준 친구들에게 고맙다. 두 아들에 대한 생각도 많이 하게 된다. 그간 잘 자라줘서 고맙고, 그간 내가 아프게 한 것에 대해 미안한 마음이 가득했다. 앞으로 정말 많이 사랑해 줘야겠다. 나중에 사랑을 더 주지 못한 것에 대해 후회하지 않도록 맘껏 사랑해야겠다.

저녁엔 여러 나라 사람들과 같이 식사를 했다. 아내가 외국인들과 대화를 나누는 모습을 보며 기쁨보다는 애잔한 마음이 앞섰다. 공부를 위해 홀로 멀리 떠나 있던 시간 동안의 고생과 노력이 느껴졌다. 식사 후에는 며칠간의 경험을 토대로 무식하게 덤빈 계획을 수정하며 촘촘히 다시 세웠다. 사람은 경험하며 실수하며 배우는 것 같다.

— Camino de Santiago —

7일째, 오늘 하루도 무척 길었다. 새벽 5시 30분에 일어나 걷고 또 걸었다. 도중에 폼페르다에서 템플기사단 성을 보았다. 다양한 경험을 하면서 책으로는 알 수 없는 값진 경험이 쌓여갔다. 아내는 이제 세계여행을 가도 되겠다고 농담 겸 자신감을 보였다. 유심도 사보고, 지도 보는 법도 배우고, 버스도 타고, 콜택시도 불러보았다. 많이 지치고 힘도 들었지만 세상의 다양한 사람들과 만나 그들의 생활도 보고 배우고, 많은 한국인들이 세계 곳곳을 누비고 다니는 것도 보면서 지금 나는 어떠한가? 앞으로 어떤 모습으로 살 것인가? 수없이 자신에게 되뇌어 보았다.

오 세브레이로 산 정상에 있는 성당에서 미사에 참석했다. 미사 중에 감격스럽고 감사한 은혜를 많이 받았다. 얼마 전 힘든 일을 겪으면서 그동안 내가 업무로 만났던 사람들에 대해 생각하게 되었다. 내 업무에 대한 정당성만을 주장하면서 상대의 마음은 헤아리지 못했음을 인정해야 했다. 미사 중에 지나온 일들이 생각나면서 갑자기 눈물이 주르르 흘러내렸다. 내가 알게 모르게 저지른 죄에 대한 속죄의 기도를 올렸다. 주님 앞에 나의 마음이 평온해짐을 느꼈다. 물론 용서가 끝이 아닌 주님의 말씀을 실천하라는 무거운 사명이라는 것도 잊지 않았다. 이번 여행을 통해 간절히 찾고 싶었던 것이 사랑이라는 사실을 알았다. 말이 아닌 몸으로 실천하는 사랑을 하겠다는 나와의 약속을 해 본다.

— Camino de Santiago —

8일째, 어제의 미사 은총을 품에 안고 새벽을 맞이했다. 오늘 일정은 다소 수월했다, 내리막에 날씨도 전형적인 가을 날씨이고, 경치도 더할 나위 없이 아름답고 장관이어서 피곤할 새가 없었다. 다만 급경사가 있어서 무릎에 무리가 가지 않도록 조심하며 걸음을 재촉했다. 여행 중 처음으로 아내와 말다툼을 했다. 이유는 너무 사소했다. 아내는 아침도 먹고 중간에 음료도 마셨으니 점심은 먹지 말고 가자는 것이고, 나는 식사가 중요하니 세 끼를 꼭 해야 한다는 것이었다. 이유가 단순해서 바로 해결은 되었지만, 몸도 피곤하고 힘들 텐데 비용까지 걱정하는 아내에 대한 미안함과 나의 무능함에 대한 자책이었던 것 같았다.

  모처럼 일정이 짧아서 숙소에 짐을 풀고 정비까지 마쳤어도 세시가 안된 시간이었다. 여행 기간 중 가장 일찍 들어온 것 같다. 아내와 벤치에서 햇볕도 쬐고, 동네도 구경하고 다음 코스도 점검하고, 골목 카페에서 맥주도 한잔했다. 고됨 속에 이런 행복이 있어 다시 출발하곤 하였다. 숙소는 네 명이 한방에 배정되어 연세가 칠십인 노부부와 함께 있게 되었다. 여행 중 가장 적은 인원이 한방을 쓴 곳이다. 많이 지치고 피곤하고 힘들어 보였다. 도착해서 바로 휴식을 취하며 누워계셨다. 작년에 이은 두 번째 산티아고 여행이라고 한다. 과연 두 분은 왜 이곳을 두 번이나 찾은 것일까?

— Camino de Santiago —

9일째, 사리아를 통과해서 한 구간을 더 가야 하는 다소 힘든 일정이다. 시작부터 내리막길이 많아 아내는 무척 힘들어하면서도 잘 견디며 최선을 다했다. 사리아에는 사람들도 많고, 그곳에서 숙박을 하는 여행객도 많아 보여서 조금 마음이 흔들리기도 했다. 그래도 예정대로 사리아를 뒤로 하고 발걸음을 재촉했다. 사리아는 도시 자체가 산등성이에 형성되어 빠져나오는 길이 힘들고 어려웠다.

사리아를 지나 정부에서 운영하는 알베르게에 입소하였는데, 매니저가 아내와 나를 서로 다른 침대의 위층으로 배정을 하였다. 우린 부부이고 침대들도 많이 비어있으니 한 침대의 위 아래층을 달라고 하였으나 막무가내로 안 된다고 하는 것이다. 몇 차례 이야기를 해도 안 된다고 하니 아내는 그냥 2층을 사용하자고 하였다. 방에 들어가 보니 자국민 부부에게는 침대 아래층으로만 각각 배정을 해 준 사실을 알게 되니 더욱 매니저의 행동이 이해가 되지 않았다. 당시 아내는 많이 지쳐 있는 상태여서 2층 침대를 오르내리는 것이 무척 위험하였다. 막무가내인 매니저에게 언어 번역기를 동원하여 강하게 항의를 하였으나 요지부동이었다.

 그래도 아내를 위해 포기할 수 없었다. 곁에 있던 자국민 부부가 난감했던지 중재를 하여 같은 침대는 아니어도 위 아래층으로 침대 배정이 수정되었다. 여행하는 동안 생긴 문제들은 아내가 해결을 하기 위해 여기저기 쫓아다니는 걸 보며 항상 미안한 마음이었는데, 이번 일로 조금이나마 가장의 체면이 섰던 사건이다. 자리 배정을 받고 산책을 하다가 홈 메이드 식당을 보고 그곳에서 식사를 했다. 현지 가정에서 가정식 음식을 대하니 새로웠다. 식사 후엔 정원에 앉아 저물어 가는 저녁노을을 보며 또 하루를 보냈다.

— Camino de Santiago —

 10일째, 아직 동트기 전이라 손전등에 의지해 길을 나서 일출을 보며 힘차게 하루를 시작했다. 이른 새벽에 아무도 없는 고요한 산야에서 단둘이 한 걸음 한 걸음 내딛으며 이런저런 이야기를 나눌 수 있는 시간에 감사했다. 처음엔 이른 새벽에 출발하는 것이 힘들었으나 점점 새벽만이 간직하고 있는 고요함과 자연의 모습이 행복하고 소중하게 다가오면서 오히려 이른 시간에 떠나려고 노력하게 되었다.

일주일이 지나면서 배낭의 무게도, 다리의 아픔도, 온몸의 고통도 점점 체화되어 가고, 많은 것들이 익숙해지면서 이제는 산악인이 된 듯 우쭐함도 생겼다. 가끔은 내가 왜 여기에서 이렇게 힘들게 걷고 있을까 하는 생각도 하곤 했다. 그러나 그것도 잠시, 몸은 힘든데 너무 좋고 행복하다. 이유는 모르겠다. 이 길 끝에서는 알 수 있을지 모르겠다.

그날그날 지나는 길에 슈퍼를 찾아 저녁과 아침 장을 보았다. 이 모든 것은 아내가 맡아서 했다. 외국인과 자연스럽게 이야기를 하는 것에 놀라기도 했지만, 더 놀라운 것은 무슨 일이 생겼을 때 별로 두려워하거나 겁을 내지 않고 일단 부딪히면서 처리해 나가는 모습이었다. 평생을 나서지 않고 주어진 일만 묵묵히 하며 엄마로서 아내로서 여자로서의 역할만 하던 사람이 어디서 그런 용기가 나오는지 곁에서 보면서도 믿기지 않았다.

— Camino de Santiago —

 11일째, 온몸이 쑤시고 아파서 눈을 떠보니 새벽 1시, 몸이 아파 잠을 잘 수가 없어 조용히 밖으로 나왔다. 여행길 중 처음으로 이게 뭐 하는 짓인가 하는 후회가 들었다. 나는 왜 이곳에 와서 이런 열악한 환경에서 힘들게 이런 여행을 하고 있는 걸까? 이런저런 상념에 잠기면서 쑤시고 결리는 몸을 강한 스트레칭으로 풀었다. 잠자기 전에 아내가 준 감기약과 몸살 약을 먹어서 그나마 이 정도인 것 같다. 아마 아내도 내색은 하지 않지만 나보다 훨씬 더 힘들고 어려운 여행을 하고 있을 것이다. 도보 첫날부터 적응도 덜된 상태에서 무거운 짐과 먼 거리를 걸으면서 무릎에 무리가 와서 여행 내내 힘들어하고 있었다. 그래도 내 배낭의 무게를 걱정하여 몰래 물통을 바꿔치기하며 나의 짐을 줄여주기 위해 무척 애를 써 주었다.
 오늘은 아내와 보조를 맞추면서 걷기로 마음먹었다. 이전까지는 아내 생각보다는 나의 속도에 맞추며 걸었다. 가끔 같이 걸어야겠다는 생각을 하여 속도를 줄인다고 하다가도 이내 다시 아내와 거리가 멀어지곤 했다. 그래서 오늘부턴 같이 걸어 보리라 마음먹고 보조를 맞추어 몇 걸음 걷다 보면 다시 내 속도대로 가고 있었다. 다시 속도를 줄여 보조를 맞추다가 이내 멀어지기를 반복하며 보조를 맞추는 것이 쉽지 않았다. 반평생을 같이 살아온 아내와의 보조도 이렇게 맞추지 못한다는 게 조금은 한심스러워 보였다. 앞으로 아내와 아들들과 어떻게 보조를 맞춰가며 같이 걸어갈 것인지 생각해 보는 시간이었다.

천근같은 몸을 간신히 세워 다시 길을 걷기 시작하면 도저히 못 갈 것 같던 마음도 이내 사라지고 아내와 같이 걷는 이 거리가 다시금 더없이 행복하고 고맙게 느껴졌다. 길을 걸으며 많은 대화를 나눴으며, 아무 말 없이 걷는 순간도 서로를 가장 잘 이해하고 위로해 주며 사랑하고 있다는 걸 느끼게 되었다. 점심 한 끼도, 숙소 선택도, 마트에서 물건 하나도 서로 의논하며 웃고 즐거워하면서 정하게 되는 길이다.

— Camino de Santiago —

12일째, 오늘은 조금 무리를 하더라도 이틀 후 오전에 산티아고에 입성하여 정오 미사를 보기로 했다. 그런데 모든 것은 나의 뜻이 아닌 하느님의 뜻대로 임을 다시금 깨닫는 날이었다. 비가 오기 시작한 것이다. 여태껏 한 번도 비를 만나지 않았는데 급기야 까미노에서 비를 경험하게 해주신 것이다. 무게 때문에 우의를 택배로 보내 비가 오면 맞을 수밖에 없는 처지이다. 그래도 비의 양이 적게 내려 맞으며 걷기로 했다. 쉽사리 그치지 않던 비가 마침내 그쳤다. 비에 젖은 탓에 아내가 한기를 느끼기 시작하여 더 이상 걷지 못하고 아르주아에서 정부 알베르게에 입실했다.

저녁 미사에 참석했다. 여행 중 3번째 미사를 보게 되는 은총이다. 미사 시간 내내 많은 은혜로 감사와 감동이 가득하다. 내일 일정이 조금 걱정되었지만 지금까지처럼 주님이 알아서 해주시리라 생각하니 크게 걱정은 없었다. 여행 중에 아이들도 한껏 성숙하고 있다는 느낌이 들었다. 우리가 걱정 없이 여행을 할 수 있도록 모든 일을 잘 하려고 많은 애를 쓰고 있다는 것을 알 수 있었다. 이렇게 알아서 잘하고 있는데 그간 너무 많은 걱정을 하며 살았던 것 같다.

— Camino de Santiago —

13일째, 전날 비로 많이 걷지 못해 일찍 출발했다. 며칠간 보조를 맞추다 보니 오늘은 보조 맞추기가 한결 수월하고 자연스러웠다. 오전에는 거침없이 걸으면서 속도도 상당히 빨라졌다. 자연 경관도 참 좋고, 날씨도 전형적인 가을 기온으로 걷기에 그지없다. 언제 다시 이런 광활한 초목을 벗 삼아 걸을 수 있겠는가. 지금 이 순간을 최대한 즐기면서 자신을 힐링하기 딱 좋은 날이다. 여행을 하는 동안 신자임이 자랑스러웠고 자긍심을 느끼기에 충분했고 주님의 자녀임이 행복했다. 여행 중 만난 사람이 신자이면 국적을 초월해서 그냥 형제자매이고, 미사의 과정도 한국과 똑같이 진행되었고, 많은 신자들이 이 순례길을 걷고 있고 나도 그중의 한 명이라는 게 행복했다.

점심을 먹으면서 아내는 계획보다 더 많은 거리를 걸어야겠다고 했다. 출발하기 전에 누군가로부터 빨리 줄을 서야 좋은 위치에서 미사를 볼 수 있다는 말을 듣고 온 것이다. 아내의 체력이 급속히 떨어지면서 발목도 다치고 무릎이고 어깨고 성한 곳이 없게 되었다. 점점 아내의 상태는 최악이 되어갔다. 수도 없이 주저앉기를 반복하며 발을 끌다시피 해서 간신히 숙소에 도착했다. 아직도 아내는 그날의 고통을 떠올리면 기적이라고 한다. 이런 생활이 어느 정도 적응하는가 싶으니 끝나가고 있었다. 여행의 종착역이 반가우면서도 이 길에 더 있어도 좋을 것 같은 뭔가 표현할 수 없는 미련으로 아쉽다. 내일이면 산티아고에 들어간다. 과연 무슨 기분일까?

— Camino de Santiago —

14일째, 산티아고에 가기 위해 일찍부터 분주하게 움직였다. 몸과 마음을 경건하게 하면서 나는 과연 어떤 모습으로 대성당에 들어설 것인지 생각해 본다. 1시간 남짓 걸어서 드디어 산티아고에 도착했다. 대성당 앞에 나란히 서서 고개 숙여 기도했다. 순례자

협회에서 확인증을 받고 배낭을 맡기고 대성당에 들어서니 만감이 교차하며 수많은 생각이 밀려왔다.

  미사와 기도에 집중하기 위해 일찌감치 자리를 잡았다. 제대 앞에 앉으니 마음이 편안해지며 여기 있는 자체로 그간의 고생을 보상받듯 행복한 마음이 가득하다. 아내도 대전을 둘러보고 와서 자리에 앉아 기도를 올린다. 아내는 과연 무슨 기도를 하고 있을까. 아내의 손을 가만히 잡아본다. 그 힘든 여정을 말없이 묵묵히 견디며 함께해 준 아내에게 고맙다. 조용히 앉아 눈을 감고 순례길 여정을 돌아보고 기도도 올리고 많은 생각을 하는 시간을 가졌다. 주교님이 미사를 집전하는 은혜도 받고 아내가 그리도 원했던 향로 미사의 은총도 받았다.

  미사 후에 숙소를 정하고 산티아고 관광을 했다. 길가 카페에서 피자에 맥주도 마시고, 가족과 친구에게 줄 성물도 사고, 다음날 피스테라와 묵시아 관광도 예약했다. 각자 1인실 방을 잡아서 이번 여정을 정리하기로 했다. 대충 정리하고 자리에 누우니 떠나자는 말이 나왔을 때부터 여기까지 걸어온 순간들이 떠오르며 가슴에 뜨거운 감동이 출렁거린다.

— Camino de Santiago —

    15일째, 모처럼 여유로운 아침을 맞이했다. 오늘은 관광버스로 이동을 하는 것이고 시간도 여유가 있어서 느지막이 일어나 식사하고 여행 준비를 하고 숙소를 나섰다. 관광버스를 타고 피스테라와 묵시아로 출발했다. 피스테라는 성 야곱의 시신을 발견한 곳이고 무덤이 있는 곳이다. 이곳에 대륙의 땅끝을 표시하는 표지석과 등대도 있다. 묵시아는 성 야곱이 성모 마리아를 알현한 곳으로 성모 마리아가 발현하여 유명해진 곳이다. 성모 마리아 성당은 닫혀 있었으나 창틀 사이로 안을 볼 수 있었다.
    산티아고 여정을 준비하며 매일 새벽 미사에 다니면서 성모 마리아 상 앞에서 성가정이 되게 해달라는 간절한 기도를 드렸었다. 묵시아 여행이 나에겐 특별한 의미로 다가왔다. 피스테라는 대륙의 끝에 위치하여 이번 여행의 마침을 의미한다고 하고, 묵시아는 성모 마리아가 바위를 타고 대륙에 상륙하여 새로운 출발을 의미한다고 한다. 마침과 시작이 공존하는 곳이다.
    저녁은 숙소에서 아내와 마지막 만찬을 했다. 여정에서 만났던 노부부를 다시 만나 진실한 두 분의 신심에 감동하면서 그렇게 산티아고의 마지막 밤은 저물어 갔다. 내 삶에 이번 산티아고의 여정은 무슨 의미로 자리 잡을까? 나는 과연 산티아고에 다시 오게 될까?

— Camino de Santiago —

16일째, 마드리드로 가는 날이다. 많은 회한을 안고 비행기를 타고 마드리드에 도착해서 숙소에 짐을 풀고 시내 구경에 나섰다. 아내와 손을 꼭 잡고 건축물 구경도 하고 아내에게 숄도 사주고 야시장에서 점심도 먹고 이곳저곳 돌아다녔다. 숙소에서 잠시 눈을 붙이고 다섯 시에 다시 시내에 나와 햇볕 좋은 마드리드 광장에 앉아 이런저런 이야기를 나눴다. 언제 다시 이렇게 온전하게 아내와 이 많은 시간을 함께하며 많은 이야기를 나눌 수 있을까? 한국의 반대편 스페인 마드리드 푸른 하늘 아래서 자유와 여유, 행복을 맘껏 충전했다. 일상으로 돌아가면 해야 할 일이 많을 것이다. 그래도 이제 어떤 일도 잘 해낼 수 있을 것 같다. 여행은 끝이 아닌 새로운 시작이다. 지금부터 다시 새로운 여행을 꿈꾼다.

— Camino de Santiago —

    17일째, 이제 집에 간다. 긴 여정이 끝나간다. 호스텔에서 짐을 싸고 지하철로 마드리드 공항으로 향했다. 출국 수속을 마치고 스페인에서의 마지막 식사를 했다. 비행기 안에서 새로운 하루를 맞는다. 창 너머 해가 떠오르는 모습이 장관이다. 비행기를 탄다는 것은 설렘이지만 타는 순간 몸이 피곤하다. 그래도 출발할 때는 새로운 곳에 대한 기대로, 돌아올 때는 집으로 간다는 편안함으로 좁고 힘든 탑승도 견딜 수 있는 것 같다.

    아이들과 떨어져 있던 시간이 상당히 오래여서 그립다. 그간 우리 아이들은 무슨 생각을 하며 어떻게 변했을까? 우리만큼 애들도 힘들었겠지만 그만큼 조금은 단단해지고 성장하지 않았을까 기대해 본다. 그래서 만남을 전제로 한 헤어짐은 서로에게 더 나은 기대와 소중함을 느끼게 해주는 것 같다. 이 여정을 무사히 마치게 해주신 주님께 감사드리고, 우리와 함께 힘든 시간을 보냈을 아이

• chapter 4. 다시 그 길 위에 서고 싶다 •

들에게도 고마운 마음이다.

"다시 그 길 위에 서고 싶다."

송재영 지음
퇴직이 설레기 시작했다

인쇄 2024년 09월 27일
발행 2024년 10월 01일

지은이 송재영
발행인 서정환
펴낸곳 신아출판사
주소 전북 전주시 완산구 공북 1길 16
전화 (02) 3675-3885 (063) 275-4000
팩스 (063) 274-3131
이메일 sina321@hanmail.net
출판등록 제465-1984-000004호
인쇄·제본 신아문예사

저작권자 ⓒ 2024, 송재영
이 책의 저작권은 저자에게 있습니다. 서면에 의한 저자의 허락 없이 내용의 일부를 인용하거나 발췌하는 것을 금합니다.
COPYRIGHT ⓒ 2024, by Song Jaeyoung
All right reserved including the rights of reproduction in whole or in part in any form.

저자와 협의, 인지는 생략합니다.
잘못된 책은 바꿔 드립니다.

ISBN 979-11-94198-29-1 (03810)
값 15,000원

Printed in KOREA